佛陀陪你練習不生氣

Alubomulle Sumanasara
蘇曼那沙拉

瑞昇文化

本書的使用方法

SAMGHA 編輯部

「我先生從來不聽我說話！」
「不管我說什麼，孩子根本不聽！」
「公司主管總是給我不合理的要求，令我心煩意亂！」
「我實在看不慣別人在公車上的態度！」

請你靜下心來想想，自己是否也曾經有過上述令你非常火大的經驗呢？大家都知道生氣既傷身又傷心，但是每每又會怒火攻心，甚至覺得幸福、快樂、平靜的心情似乎離自己非常遙遠。

著述此書的主要目的，是希望能夠幫助大家可以不生氣過日子。能夠天天不生氣，就是擁有幸福人生。

我相信一定有一套讓我們不生氣的方法。

其實早在二千六百年前，就有人注意到「生氣」是一個嚴重的問題，並且也找出一套客觀又科學化的解決方法，此人就是佛陀。

佛陀發現的這套解決「生氣」的方法，被收錄在「斯里蘭卡上座部佛教長老」蘇曼那沙拉著述的《佛陀教你不生氣》和《佛陀教你不生氣2》兩本書中，蘇曼那沙拉緊接著又著述本書，希望能夠進一步幫助世人解決有關生氣方面的惱人問題。

本書融合了《佛陀教你不生氣》和《佛陀教你不生氣2》兩本書的重點，並且更進一步探討我們生氣的問題，希望能幫助讀者更進一步在日常生活中實踐佛陀的教義。

本書首先介紹了《佛陀教你不生氣》和《佛陀教你不生氣2》兩本書的概要，蘇曼那沙拉長老再次重點式的介紹佛法對於忿怒的正確處理方式。書中另闢「蘇曼那沙拉長老的觀點」，希望對於想要練習不生氣的人，能夠有明確又具體的方法去實踐。

此外，蘇曼那沙拉長老也會告訴我們一些一般人在面對忿怒時容易忽略的問題。藉由蘇曼那沙拉長老的解說，就更可以了解到我們平常的思考方式，和佛陀所教導的正確解決方式的其中差異。

相對於我們平常對於生氣的處理方式，佛陀教我們處理忿怒的要領或許會給你感覺很新鮮。不過，這也正是佛陀教給我們的正確實踐方法。本書對於生氣忿怒一詞自有一番令人耳目一新的介紹，希望各位讀者能夠藉由此書去體驗。

我們也竭誠希望讀者能夠解決生氣的問題，希望各位能夠踏出第一步，早日過著不生氣的幸福人生。

序言

蘇曼那沙拉

出版社希望我在這本書當中能夠添加一些自己的意見。被別人要求做一些困難且自己做不到的事情時，每個人應該都會覺得厭煩，甚至感覺不開心。總之，我的內心有一點點「生氣的情緒」。這本書所要闡述的就是「生氣是不好的」，所以，這種心情對我而言非常不妙，我必須立刻處理掉才對。

我的解決方式是，我把出版社的這項要求解釋成「請我幫幫忙」，先且不管我做得到或做不到，既然有人請我幫忙，我就應該欣然接受。而且只要一想到「可以幫助別人」，厭惡的心情立刻消失殆盡，反而轉化為「我一定要好好努力」。

於是，我靜下心來觀察自己，發現到單憑「把聽進耳朵的訊息所做的解釋」，就足以決定我的心情是厭惡或是愉悅。每個人都不喜歡心情不好過日子，當然希望能夠開開心心過日子。那麼，不論好事或壞事，只要我們都把它往好的方向去解釋，一切自然就ＯＫ。

無論任何事情都往好的方向去解釋，有人可能認為這不太可能，也有人認為離現實太遠，更有人認為這簡直是神經太遲鈍了。事實並非如此。俗話說「羅馬不是一天造成的」，正因為每天都過得兢兢業業，才會有現在的我，也才會有現在的各位。請你回想一下，當我們還是小嬰兒的時候、剛剛學步的情況、牙牙學語的情況、從騎木馬到騎三輪車、甚至騎著腳踏車到處去的現在，每一個階段都是我們一步一步努力的結果。因此，不論發生任何事情，都不要朝負面去解釋，也不要自認不幸，不妨告訴自己「人生就是一座自我磨練的道場」。

我們可以完全不發脾氣嗎？答案當然是不可能的。放眼望去，人的一生有太多令人生氣的理由，不可能事事如意。

夏天太熱，冬天太冷，期待很久的春天卻是滿天花粉，秋天則有豪雨和颱風，甚至我們根本不知道何時會來一場大地震。我們也不知道何時會發生日本東海地震或東南亞地震，每次看到專家預測受害狀況的模擬實驗，就令人膽戰心驚。工作繁重，薪水低，努力節省家用卻仍然入不敷出。擔心孩子，孩子卻不聽話。老公年紀漸老卻依然任性妄為。老婆總愛管東管西，老公不能自由自在活出男性的尊嚴……這些名目簡直是永無止盡，因此最好能夠就此打住。

佛陀早就洞悉忿怒的種種理由，每天、每時、每分、每秒都會出現新的狀況，有些我們可以應付，不過絕大多數是我們無法應付的，才會令我們覺得心煩，這就是第一項「生苦」(jāti dukkha)。

打從我們出生的那一瞬間起，我們每一分每一秒都在變老。大人為孩子的成長感到欣喜，成長對孩子而言卻是辛苦的。我們大人則很討厭自己的成長，因為成長代表的是「老了」。老了之後，體力減低、食欲不振、無法自由行動、出現皺紋、牙齒脫落、視力衰退、耳朵重聽、頻尿、晚上睡不著，這些都無法利用服裝或化妝加以掩飾。儘管裝了假牙，裝上助聽器或拄著拐杖，依然會令人感覺不舒服。因此，每個人都不喜歡老，偏偏又都會老，這就是老苦(jarā dukkha)。

另外還有一個很棘手的問題，那就是從出生到老都會跟隨在我們身邊的「病」。生病絕不會事先告知，有時甚至令人措手不及。我們四周圍都是細菌，我們吸進去的空氣中也是滿滿的病原菌，稍一不慎就有可能感染；此外，心臟、腎臟或肝臟也不知道何時會出狀況，這跟年齡沒有一定的關係；體內的細胞也不知道何時會變成癌細胞，這也絕不是只有老人才有的問題，有時候連小孩子也會罹癌。在這個世上，沒有一個人不會生病，但是每個人都很討厭生病，甚至為此惴惴不安，擔心不已，這就是「病苦」(byādhi dukkha)。

當身上的衣服著火時，再幫他淋上汽油的話，此人必死無疑。每個人都很怕死，但是又有誰避免得了呢？從出生到死亡的那一瞬間，每個人對於死亡都感到擔心受怕，因為「死」並不好玩但是卻又對它莫可奈何。這就是「死苦」(maraṇa dukkha)。

以上的生、老、病、死，稱為「四苦」，沒有一個人可以避免得了；再加上「愛別離苦」、「怨憎會苦」、「求不得苦」、「五蘊熾盛苦」，是為「八苦」。

第八個「五蘊熾盛苦」比較不容易懂，所以我稍做說明。簡而言之，我們擁有身體的這一件事就是「苦」，但是我們卻很喜歡這個肉體的感覺，並且極為執著。只要為了自己的身體，任何事情都願意去做。正因為對身體的執著，才會造成無限的苦。

因此，要做到「不生氣」，其實是絕不可能的。不發脾氣、不要陷入絕望、不要失去幹勁、以歡喜心過生活等等，這些其實都是不可能的。即使有人在學業事業上一帆風順，家庭圓滿，還有多餘時間浸淫在自己的興趣當中，人際關係也很順利，一切事情看似都完美無缺，然而，這種人依然離不開「八苦」，因為在他的精神上還是擔心受怕。我要說的是，「在我們每個人的內心，分分秒秒都在儲存負面的資料，因此，想要過一個開朗歡喜的生活其實並不容易」。

原始人時時刻刻都生活在危險當中，他們的人生不是吃掉獵物就是自己成為獵物。為了活命，原始人的大腦被訓練成把任何狀況都要判斷為「危險」，而且需要花費很長的時間才能判斷什麼是「沒有危險的」。

生活在現代，其實我們並沒有時時刻刻處於險境當中，我們的人生應該還算是安全的。沒有食物的話，原始人會餓死，但是現代人即使沒有工作，生活還是會受到一定的保護，就算生病了，也能夠接受到很好的治療，因此現代人通常很長壽。

但是，我們的大腦卻尚未進化。大腦的進化過程必須經過20萬年以上，從原始人到現代人的這段期間雖然還很短，但現代人其實已經足以克服各種危險，可以生活得很幸福，我們的大腦卻還是常把許多情況判斷為危險狀態。而「危險」就會令人心生恐懼，佛家將「恐懼」解釋為「忿怒」，這和一般所說的「忿怒」含意稍有不同。不過，這種基本的恐懼感，後來就會轉化為我們所熟知的「忿怒」。「八苦」是人生必受之苦，誰也避免不了。只要你徹底了解這一點，自然就知道「本來就是這樣啊！再怎麼害怕、恐懼也毫無用處，乾脆就『放下』吧！」如此一來，就可以克服怒氣，而且也可讓自己生活得更輕安自在。因此，你不妨試試看，試著笑一笑，也試著在某種程度上去相信我們所生存的環境。

意外事故通常都很嚴重，但也不是天天都在發生車禍，平時走在路上還是很安全的。自己開車時，只要多加注意就夠了。墜機通常會造成全部人員死亡，但是這種事也很罕見；此外，每個家庭都會用到火，因此而發生火災的例子並不常見，只要平常稍加注意就夠了。說到地震，人人都很怕地震，但是也不是天天都有大地震，一般大地震的周期是一百年為單位。再者，隨處可見到菜刀、棒球棍，這些器具變成凶器去傷害人的例子也是少之又少。總之，每個人只要在生活上稍微小心謹慎就綽綽有餘了。這種小心謹慎一旦變成原始人「凡事都危險」的情緒，就容易出現精神方面的疾病。所以，我們每個人都應該知道我們其實都活得很好，活得很幸福，而且我們也必須告訴自己，和古時候的人比較起來，其實我們活得非常奢侈浪費。

如果你是一個有理性的人，請你最好多多觀想「八苦」，同時也不要再（想）祈求「化不可能為可能」，繼續對些不可能達成的願望抱持期待，也不要為了不可能達成的願望一廂情願去努力，讓自己的心情穩定下來。人打從一出生，就慢慢變老，會生病，而且必定會死。期望落空、必須和自己討厭的人相處在一起、跟喜歡的人或物卻又不得不分離，這些令人受苦的事情根本就不要想去加以改變，根本是不可能改變的。不妨放鬆心情，微笑接受這些事實吧！

即使已經這樣告訴自己，但每次被公司主管責罵，我們依然會心生怒氣；如果有人對你說「我一點也不想和你在一起」，也會令你憤憤不平。孩子沉迷於電動玩具一定令你生氣，先生晚歸也令你生氣，身邊的人對你嘮叨不停也令你生氣，汽車或飛機的噪音令人生氣，別人開開心心大聲說話也惹你生氣，如果別人默不作聲你就說他態度惡劣，先生的打鼾聲讓你生氣，老婆愛花錢買衣服也讓人生氣，店員態度惡劣令人生氣，公車遲到也令人生氣……。

像這樣動不動就生氣好嗎？之所以會這樣，是因為我們至今仍然在使用原始人的腦的緣故。所以佛陀就教導我們利用2－3週的時間來開發腦部，以產生幸福三昧的一種「變成超人的方法」。

我們的大腦屬於「生氣的腦」，似乎只知道生氣，一瞬之間就會感到恐懼、陷入不信任感、感覺到危險。令人遺憾的是，我們往往必須花費很長的時間才會信任別人、歡喜開心過生活。我們可能在一瞬間而且是毫無緣由的覺得「那個人很討厭」，這完全是原始腦的情緒，通常必須花費好幾年的時間，才會判斷出「那個人很不錯，很值得信賴」。

如果想調整這種動不動就要生氣的大腦，使大腦進化為可以感覺到幸福而輕安自在過生活的話，必須歷經訓練過程。只要每天稍加訓練，大腦可以被開發的程度必會令你刮目相看。所謂「大腦開發」，就是要將這種只會察覺危險的神經迴路，重新組合出可以直接察覺到現狀的新神經迴路。只要每天持續給與小小訓練，開發大腦的速度必定超過你的想像。這些人經過了不生氣的訓練後，將有如脫胎換骨似的變成不會生氣的人，所以請大家務必拭目以待。

忿怒種類的診斷表

找出你的忿怒型態

—— 由佛教導引出來的 10 種忿怒型態 ——

不論你有沒有察覺到自己生氣，
或是你根本不知道自己為什麼生氣，
首要之務就是 ——要知道你正在生氣。

察覺正在生氣，了解生氣的真相

想要克服生氣的首要之務，就是要先了解到「生氣其實就是自己內心湧現出來的情緒」。

忿怒的情緒又可以分為「大怒」和「小怒」。最重要的是要先分辨出自己是為了哪些事在生氣，更要了解你的忿怒是屬於哪個種類。

因此，要很客觀的將自己的忿怒加以歸類，在充分了解之後，即可慢慢找出自己生氣的原因以及自己看待此事的態度。

佛教將忿怒分成十個種類。

下面明列十道問題，可以幫助你輕輕鬆鬆診斷出自己屬於哪種忿怒種類。

所以請你務必試試看，才能夠發現到你的忿怒情緒究竟是屬於哪種忿怒種類。

問題

你現在的忿怒情緒比較接近以下哪一種類型呢？
請你選出其中最符合的一項。

❶「有點不太快樂」、「好無聊」、「真無趣」、「討厭」⋯，總之，就是感覺有一點點心情不好。

❷大聲咆哮、氣到全身發抖、任誰看到都知道你在生氣。

❸不斷想到過去不愉快的事情而生氣，縱使想要轉換心情，仍然不由自主又陷入忿怒當中。

❹找尋別人的缺點，一發現別人有錯就感覺心安，看到別人比自己好就感覺忿怒。

❺本來只是想要叮嚀或抱怨，結果怒氣一來，只說一句話還解不了心頭怒氣，甚至還會不停的咆哮與囉嗦。

❻拿自己與優秀人才做比較，一發現別人很輕鬆就能把事情做好，自己卻難以達成，就感到心情沮喪，甚至感覺忿怒。

❼看到自己辛辛苦苦準備好的東西，被別人用得很快樂，就越想越生氣。

❽自認為非常重要的做法，卻被別人說三道四，甚至還要受人頤指氣使，就感覺很生氣。

❾「如果以前更努力一點就好了⋯⋯」、「手上有錢的時候能夠存下來該多好⋯⋯」，經常停滯在過去的錯誤中，令自己心情不悅。

❿毫無緣由的有一股強烈的「想破壞」、「想毆打」或「想殺害」的衝動，而且很難抑制此種想法。

根據你的忿怒型態，進一步診斷出是屬於佛教的哪種忿怒種類。
所以，請先確認你的號碼，接下來再對照每個號碼的解說。

忿怒的種類

❶號是基本忿怒——「瞋心」（Dosa）

佛教把生氣分為基本忿怒「瞋心」，以及由瞋心衍生出來的九種不同類型的忿怒型態。巴利語※稱「瞋心」為「dosa」，dosa原意為「污穢」、「污濁」，亦即「黑暗」之意；有「厭惡」、「討厭」的感覺。

※古代印度的一種語言，與梵語十分接近。

❷號是「強烈的忿怒」（Vera）

強烈忿怒（Vera）的生氣程度比基本忿怒強烈，已經顯現於外。如果對於「瞋心」一再置之不理，內心的黑暗面將會逐次增強，甚至會對身體狀態造成影響，出現咬牙切齒或雙手抖動等動作；甚至連自己都明確感受到「自己正在生氣」，因此很輕易就可以察覺到此種忿怒。

❸號是「怨恨型」（Upanāha）

當基本「瞋心」（Dosa）萌芽後，每次想到就怒意不斷增生。此型的主要特徵是「永難忘記」。一有瞋心就謹記在心，不停回想，因此造成妄想不斷膨脹，讓自己深陷不幸的境地。

❹號是「貶抑他人型」（Makkha）

Makkha是輕視別人優點的一種情緒，這種情緒也是出自於基本的「瞋心」。在「瞋心」階段，看到的都是對方的缺點或弱點，但是一旦發現對方的優點與才能，不想承認又無法加以忽略時，就會產生強烈的「貶抑他人」的忿怒心。

❺號是「競爭型」（Pālasa）

Pālasa代表競爭，亦即時時想打倒對方。一開始只會停留在「瞋心」的範圍內，偶爾會出現想要贏過對方的念頭，但是，「想贏過對方」、「想打敗對方」的想法一旦逾越限度的話，就會產生「競爭型怒意」，亦即想攻擊對方的念頭一發不可收拾。

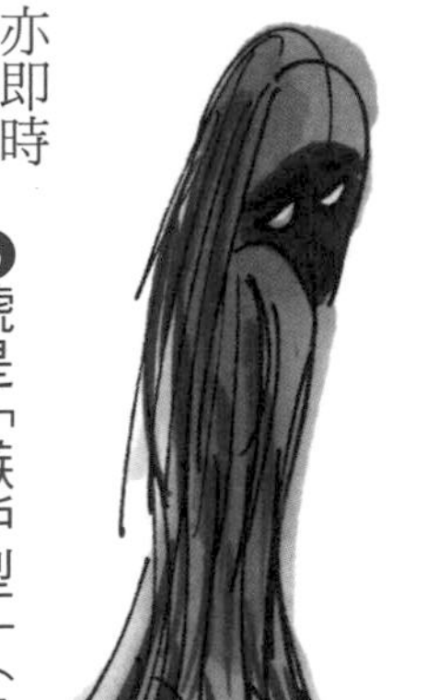

❻號是「嫉妒型」（Issā）

內心出現隨時想看到對方出糗的「瞋心」，卻又偏偏看到對方優秀表現時，就容易產生「嫉妒型」怒氣。得知對手的優點，在面對對手時，內心的怒意屬於「貶抑他人型」。但是，在面對自己時，卻又自問「為什麼自己沒有這種優點」，因而出現嫉妒型怒意。又因為想要一較長短的對手多不勝數，結果就造成嫉妒型怒意不斷的增加。

❼號是「慳吝型」（Macchariya）

所謂「慳吝」，意指不願與他人分享自己所擁有的幸福快樂，一旦自己和他人一起享有快樂，就覺得是自己的損失。正因為無法和別人共同分享快樂，心情經常感到晦暗、不幸，但是，自己往往又沒有察覺到這是一種不幸，反而想獨佔這種自以為是的幸福。

❽號是「頑固型」（Dubbaca）

所謂「頑固型」忿怒，指的是以自我為中心，一聽到別人的忠告或教導，立刻產生反彈心，完全拒絕與外界溝通；但卻又不可能完全孤絕於世，因而經常陷入不愉快的心境。頑固型忿怒完全聽不進別人的忠言，心性各方面難以成長，所以影響非常重大。

❾號是「後悔型」（Kukkucca）

Kukkucca 代表「後悔」。一想起過去的失敗經驗就自怨自艾，轉而對自己生氣。厭惡的情緒反覆不停孳生，無法做正向思考。內心一再受到過去挫折所牽絆，無法往前踏進，也導致成長停頓。

❿號是「瞋恚」（Byāpāda）

瞋恚（Byāpāda）是遠遠超過「瞋」的一種忿怒狀態。單獨由「瞋心」不斷發展而來，不停想破壞，想要帶給別人痛苦，卻說不出明確的理由。此種妄想無限膨脹，腦子想的全是破壞，甚至還可能想要大量加以毀滅。

忿怒具有能量，而且會不斷變換型態，以上就各種忿怒型態加以簡單介紹，這些全是「忿怒」，並且都會帶來厄運，絲毫沒有好處。因此，首要之務就是要完全根除這些怒氣，請靜心閱讀，本書將會教您根除忿怒的實踐方法。

推薦序／心靈普覺小站　黃墩岩

尊貴的蘇曼那沙拉長老，融合佛陀的教法，用淺白、親切、流暢的言語，出版一系列關於「不生氣」的書，教導世人走出「生氣」的迷思與習氣，回復心流的平靜、輕鬆、安穩。從其作品所獲得的廣大迴響，就可得知受教、受益的大眾，確實很多很多。

本書的內容，除了融入前兩本《佛陀教你不生氣》和《佛陀教你不生氣2》的精華之外；又提出了諸多明確、派得上用場的珍貴觀點與實踐方法，並且還進一步的探討「生氣」與「貪欲、我執」的深層關係；堪稱是把「貪瞋癡」整合在一起的佳作，不僅值得社會大眾的擁有，更是學佛入門的上選資糧，我也獲益良多。

書中所提到的「生氣」一詞，是個通俗的白話用語；以佛教的用語來說，就是「瞋恚（ㄔㄣ ㄏㄨㄟˋ）」的意思。

瞋恚，是跟「慈悲」相反的心理狀態；基本上，它包含兩個面向，一是顯於外的瞋怒，二是藏於內的恚恨。瞋怒，是指對於人事物所表現於外的敵對態度與行為，如說憤怒、咒罵、暴力、發脾氣等等；恚恨，是指暗藏於內在心底的抱怨與恨意，如說懷恨、埋怨、記恨、不甘願等等。

本書又將「瞋恚（生氣、忿怒）」細分成為十種型態，讓人見識到瞋恚的行為與情緒，確實瀰漫在每人每天的生活裡。為了使大家更有系統、更完整的認識瞋恚的全貌，我則將之配屬於「六道」的概念裡做講解，以便於學佛者的自我觀察，也可以做為本書讀者的參考。簡介如下：

瞋恚等級	特徵	瞋恚內容（這些行為與情緒，全都含有瞋恚的成分在其中。）
一、地獄道	完全被瞋恚情緒給控制住的衝動反應。	兇殘、殺害、暴怒、恐嚇、撂狠話、暴取豪奪、強烈的報復心態。至於「自殺」的衝動，則更屬地獄等級的極度瞋恚。
二、鬼道	老把自己看成是「受害者」的憂鬱心態。	抱怨、懷恨、記仇、怪罪、兩舌、怨天尤人、討厭自己、不停的在腦袋裡自我對話。憂鬱的心中都一定含有不滿的情緒。
三、畜生道	欠缺客觀、同理、遠見的愚昧行為。	頑固、耍脾氣、使性子、小氣、逃避責任、口出穢言、造謠、孤僻、獨佔而不願分享。時常抱持「敵對」態度，是其特點。
四、修羅道	太過於自我中心、自以為是、自戀。	傲慢、猜忌多疑、鬥爭、邀功、不信任、不認錯、不合群、揭人瘡疤、得理不饒人、不原諒、說些冷嘲熱諷的言語。
五、人道	聰明又愛面子，精於比較、計較、較勁。	批評、嫉妒、幸災樂禍、不服輸、不甘願、爭辯、以牙還牙、黨同伐異、用自己的理想「鬥爭」現實的自己。
六、天道	善良卻自視甚高、自命不凡而與眾切割。	看不起別人、冷漠、不耐煩、拒諫飾非、為了維護己見而貶損對方。總之，就是：欠缺「慈悲」的體諒！

若問：為什麼「不可以瞋恚」呢？

這個問題，可以從「不瞋恚」對你又會有什麼好處來回答：一、養生；瞋恚對身體的傷害，早有科學明證。二、改造命運；把眼前的瞋恚調伏下來，將能幫你把潛在的惡運化解於無形或減輕。三、求福保平安；不瞋恚的素養，會讓你增加好人緣，減少衝動與衝突。四、離苦得安樂；負面的思緒與情緒，大多跟瞋恚有密切關係。五、遠離下三道的業因；善良要從「不可以瞋恚」做起，智慧也以「不可以瞋恚」做基礎才能開啟。

這是一個充斥「瞋恚（忿怒）」的時代，翻開報紙、打開電視，從各國戰亂、黨派鬥爭、議場罵戰，到家庭暴力、街頭叫陣、以及網路上各種非理性的批鬥與謾罵，在在處處，都在呼應蘇曼那沙拉長老說的這句話：「我們的大腦，是屬於生氣的腦！」

於此，再將「不可以瞋恚」這個教導的四個要點，提醒如下：

●不可以用瞋恚對抗瞋恚！

●不可以瞋恚自己的身心！

●瞋恚是福報與智慧的破壞王，每一次的瞋恚都一定會叫人付出代價，跟在瞋恚後頭的準沒好事！

●我們從小到大，因為瞋恚所失掉的良機與善緣，不計其數；也因為瞋恚的緣故，讓我們把自己從原本的整體（一體性）中分裂出來！

《華嚴經》說：「一念瞋心起，百萬障門開。」瞋恚帶給人類的傷害與痛苦，是顯而易見的；經由本書的教導，倘能知行合一，對於您在福報與智慧上的增益，則是指日可待的！有緣能為本書做個專文來推薦給大家，感到很歡喜！

末學 黃墩岩

2015元月

佛陀陪你練習不生氣　目錄

Chapter 01

試著仔細觀察「忿怒」

你的忿怒屬於哪種型態？
請你客觀的加以掌握

給不想生氣卻又愛生氣的你

你有沒有感覺到自己經常生氣呢？你不妨試著回想一下，這個星期有沒有經常生氣？你是否厭惡生氣的自己呢？你應該從沒想過，其實人活在世上是可以完全不用生氣的。

我們常說現代是一個充滿壓力的社會。一到公司就有工作上的壓力，回到家又有家庭的壓力，想要在日常生活中隨時保有輕安自在的心境簡直是天方夜譚。

為了消除胸中塊壘，或許有人認為：「發脾氣是必要之惡，只要感到有點火大，就一定要堂而皇之向對方表達，這才是做人應有的態度！」然而，大發雷霆之後，恐怕內心的怨氣仍然難以消散。

因此，本書要告訴讀者的是，請你重新考慮一下，是否可用其他方法來處理忿怒？是否有哪種方法可以避免生氣呢？

請再度確認「忿怒」的定義

首先，請你參考《佛陀教你不生氣》※一書當中，對「忿怒」一詞所做的定義。

忿怒是一種情緒，也就是說當你看到、聽到或感受到某種東西的時候，可能立刻產生怒氣。當某個人事物令你感到不快，內心產生「厭惡」、「不喜歡」、「嫌棄」……等等感覺，並且想要遠離時，就會令你生氣。假如此時的心情是「唉，真討厭，如果能夠……的話該多好！」也就是說，當你的心情轉為「想要……」的話，就變成一種「欲望」。「欲望」也是源自忿怒，換言之，忿怒才是欲望最根本的情緒源頭。

再者，忿怒的定義其實是非常廣義的。有的人認為「被別人踩到腳當然會生氣」，這種人是把當下的情緒和忿怒聯想在一塊，這種強烈的忿怒是很容易讓人感覺到的。但是，除了這種忿怒之外，有一種近似漣漪般的輕微怒意其實也包含在佛教說的怒氣定義之中。

你不妨試想一個狀況，例如：有個人孤伶伶的獨處，沒有事做，也無人可以說話，這個人一定不太快樂也感到很無聊。通常我們都將此狀況稱為「無聊」，絕對不會認為是「生氣」。但是，在《佛陀教你不生氣》一書中就指出，這種情緒其實就是「忿怒」的其中一種

※本書引用參考文獻時所提到的《佛陀教你不生氣》，包含了蘇曼那沙拉長老於2006年著述的《佛陀教你不生氣》，以及2010年著述的《佛陀教你不生氣2》，這裡將這兩本書統稱為《佛陀教你不生氣》。

表現。

察覺「怒氣」，避免讓怒氣不斷滋長

巴利語（古代印度的一種語言，與梵語十分接近。）稱最基本的忿怒為「dosa」（瞋心），dosa一詞又有「污穢」、「污濁」之意。Dosa的相反是pīti，pīti的意思是「喜悅」，另外還有「快樂」、「幸福」、「雀躍」、「很好」之意。

如果我們擁有歡喜之心，心情應該非常開朗。一旦稍微有一點點瞋心(dosa)，內心就會立刻蒙上一層幽暗。忿怒必會讓心情發暗，尤其是強烈忿怒的話，內心一定是一片黑暗。

我們的情緒通常是以漸進的方式慢慢增強，一旦對「不快樂」、「討厭」、「無聊」等忿怒情緒置之不理的話，不愉快的心情就會逐漸強化。所以，如果希望可以活得歡喜自在，就務必要充分了解到忿怒會讓人的內心變得暗沉，一旦發現到心情有點差，就要設法讓自己不再陷入更壞的狀態，並且想辦法讓自己快樂起來。

佛教的10種忿怒

佛教把我們內心的忿怒分為10種類型，即使是我們認為絕不算是生氣的情緒，多數都是從基本的忿怒獲得能量而轉換成不同面貌。

10種忿怒分別是先前提到的「基本的忿怒——瞋心」(dosa)，以及由基本忿怒的能量轉換而成的九大種類。

14～16頁已經介紹過「忿怒的種類」，以下將再針對「瞋心」以外的九種忿怒進一步加以分析。

Vera的意思是「強烈的忿怒」。忿怒程度極為強烈，呈現咬牙切齒、氣得全身發抖、緊握拳頭的肢體動作，看在別人眼裡可以清楚知道「他正在生氣」。

Upanāha的意思是「怨恨」。一發起脾氣就難以平抑下來，一有怒氣就盤旋在心頭難以消除。

Makkha的意思是「貶抑他人」。這種人總是對自己評價很高，習慣忽略或貶抑別人的長處。

Palasa 的意思是「競爭」。隨時都想挑釁擊垮對方，否則絕不善罷干休。

Issā 的意思是「嫉妒」。自己內心完全不想承認別人的長處，因此而心情晦暗。

Macchariya 的意思是「慳吝」。亦即俗話說的吝嗇，不願意和他人分享自己所擁有的一切。

Dubbaca 的意思是「頑固」。無法接受他人的想法與建議，凡事都以自我為中心。

Kukkucca 的意思是「後悔」。經常為過去的失敗與錯誤而煩惱。

Byāpāda 的意思是「瞋恚」。vera 是「強烈的忿怒」，更加異常的忿怒則稱為「瞋恚」。也就是不明原因的極度忿怒、非比尋常的強烈忿怒，甚至可能出現打人或殺人的念頭。

察覺忿怒的方法

一出現「厭惡」「無聊」、「醜陋」等念頭時，就表示內心是忿怒的。在《佛陀教你不生氣》一書中也曾經提到「忿怒是很容易察覺出來的」，當你無法得知自己當下有沒有生氣時，有個方法可以幫助你去察覺。

這個方法就是，當你想確認自己有沒有生氣時，不妨試著捫心自問：「我現在快樂嗎？」假如你的答案是「不快樂」、「好無聊」、「好討厭」，就表示你的內心正處於生氣狀態。反之，如果你的內心充滿 pīti，也就是充滿「歡喜」、「雀躍」、「精神抖擻」的話，表示你心裡是沒有怒意的。

這就是所謂的「生氣代表不快樂」、「快樂代表不生氣」。再者，不論任何事情，否定代表「生氣」，肯定代表「歡喜」。總之，把情緒分為這兩大類來仔細分辨的話，通常很容易察覺到最早期的忿怒狀態。

當你認為內心沒有歡喜感覺時，不妨把手輕放在胸前，問問自己是不是有忿怒的感覺。忿怒一旦受到輕忽並置之不理的話，你的心理與人生都可能變得晦暗。為了不讓自己落入此種慘況，早期察覺內心的怒意是極為重要的。只要早期察覺，就可以採取正確的處置。

客觀掌握住忿怒情緒

前面已經談過佛教對忿怒一事在心理方面的解說，相信讀者應該都能夠理解。只要能夠理解，就代表已經開始克服忿怒了。「理解與接受」是很重要的，例如央請他人幫忙時，只要能讓對方充分理解與接受，往往就能順利進行。因此，請你務必反覆閱讀前面的文章，充分理解忿怒的結構。只要完全了解其中道理，就知道發脾氣其實是一件蠢事。

知道發脾氣是一件蠢事之後，你就已經取得成為高尚人格的入門票了，聽起來一點都不難對不對？其中的竅門只有一點，就是「知道發脾氣其實是一件蠢事」。

平息怒氣的方法絕對不是一種信仰；我們無法隨心所欲玩弄我們的大腦，因為大腦的功能是固定不變的。大腦一接受到某種訊息，就會完完全全的接納，絕對不會曖昧不清，也不會優柔寡斷，而是確確實實去執行它所接受到的訊息。我們原本就是頑固的，頭殼硬梆梆，非常不願意改變自己的生活模式。更因為對自己缺乏自信，外面世界看起來更像一個龐大的巨獸，才會採取頑固、而且是極端頑固的態度製造一個外殼來保護自己。凡事一旦頑固到無以復加的程度，你的人生就會浸泡在忿怒的醬缸中，縱使有時候會告訴自己不要太頑固也很難做到，最終只有「接受」一途。

只要一「接受」，你的大腦又會變得頑固，這也正是大腦最擅長的。所以，我們務必客觀去了解忿怒的結構之後才去接受，如果能夠這樣的話，就算是不好的頑固也會因為「知道生氣是蠢事」而變成令人激賞的頑固。

接下來讓我們進入下一個步驟。我們每個人幾乎都是極端的悲觀主義者。為了讓自己成為悲觀主義者，就必須對自己、對周遭或對於世上的一切事物都採取「否定式的解釋」，因為這是比較善巧方便的做法，而且做起來也比較簡單，因此這種否定式的解釋比較能引起多數人的共鳴。反之，如果隨時談笑風生，每天過得快快樂樂，反而容易招來「不認真」、「瘋瘋癲癲」、「糊里糊塗」、「頭殼壞掉」等等的批判。這樣的解釋是否可以讓你完全了解了呢？現在要請問你，你抱持哪一種主義呢？

絕大多數的人都是一出生就是悲觀主義者。因為在不可能進一步發育的原始大腦中，早已經設定一種屬於悲觀的偏執性程式。我們必須把仍有可能發育且具有理解能力的大腦加以啟發，卸除掉原本悲觀的偏執性程式，轉換為幸福程式。現在，就讓我們開始來轉換吧！

首先，請你先靜下心來問問自己：「我現在快樂嗎？開心嗎？心情愉快嗎？精神抖擻嗎？」

不管你的答案是什麼都無妨。如果答案是「不快樂」、「不開心」、「心情不好」、「心情落寞」、「沒有精神」，診斷的結果是「你被忿怒掌控了」。不過，不用擔心，這是原始腦的否定機制所造成的。

接下來，請你確確實實的去感受那種灰暗、落寞的心情，並且請試著去感受它們牢牢緊黏在腦海中的感覺。你將會感受到忿怒的情緒其實並不是你本來就有的心情，而是由外而內且緊黏不放的一種感覺。只要你能夠一步一步去感受體會，就算不刻意去改善，你的內心仍然可以療癒成功，心情也會變得開朗。如果你希望加快療癒的速度，不妨採用一個最令你厭惡的形容詞，效果將會更卓著。

例如：當你感覺心情落寞又灰暗時，不妨將這種心情比喻為「腦袋流膿」，亦即以自嘲的手段來舒緩晦暗的心情，每隔15分鐘就自我調侃一次，這種修行只需花費短短的一秒鐘，而且非常簡單。只要自問自答：「我現在的心情如何？很灰暗！就像是腦袋正在流膿一樣！」

為什麼我會推薦這種方法呢？這是因為腦部原本就很頑固，不喜歡受到指使，若要修改腦袋原有的習性往往需要耗費很長的時間。這個方法是藉由自嘲來忽略落寞的心情，讓頭腦在未加察覺的狀況下，慢慢朝好的方向前進。

忿怒的基準其實就是「自己」

當我們內心晦暗、不愉快的情緒不斷強化之後，我們的心情就會轉換為強烈的忿怒。

再者，佛教把人的情緒劃分為「忿怒」與「欲望」兩大類。這兩種是完全不同的分野。例如：我們看到綻放的花朵時通常會感覺「好美」，看到即將凋零的花朵時，如果你的想法是「這麼漂亮的花應該摘下來回家裝飾在房間！」這種想法就是「欲望」；「為什麼花朵會凋零呢？」這種想法則是「忿怒」。換言之，不論你看到什麼，心裡想的是「好漂亮」、「好想要」、「應該要……」，這屬於「欲望」；如果心裡想的是「好討厭」、「不想看到」、「想要放棄」則屬於「忿怒」。「忿怒」是基本因素，由忿怒的情緒轉變為討厭現狀並對未來抱持希望的話，就變成「欲望」。由此可知，忿怒是欲望的基礎，也是一種非常棘手的情緒。

但是，忿怒或欲望的情緒來源究竟是什麼呢？答案就是懷抱此種情緒的「自己」。例如：廚餘對烏鴉而言是美食，對人而言則是「骯髒」、「討厭」等令人生氣的東西。烏鴉對花朵絲毫不感興趣，人則認為花朵「漂亮」、「喜歡」，令人產生「欲望」。不過，廚餘、花朵本身並不具備擾動情緒的某個基準，決定廚餘＝骯髒、花朵＝漂亮的，其實都是人自己本身。

只要明白這個道理，應該就可以了解到並沒有一個明確的基準來分別「好」和「不好」，完全是生命個體或個人主觀的判斷。

對某些人而言是好的東西，對其他人而言卻是不好的，這種例子經常可見。換句話說，決定「欲望」與「忿怒」的主要關鍵都是在於「自己」。

了解這一點之後，你將會發現，我們全是活在自己設限的基準中過著忿怒的晦暗人生，戴著忿怒的有色眼鏡看世界、考慮一切事物或與他人溝通。總之，我們隨時都戴著有色眼鏡活在世上。

對一件事情的解釋

例如：你可能遇過以下的事例。

在一個冰冷又下雨的冬日，你站在月台等待電車進站，雙手提著沉甸甸的行李，走了一整天感覺全身都快要虛脫了。就在此時，電車進站了。正當你快要坐到座位時，有一個年輕人穿過縫隙一屁股就坐在你想坐的位子上。你立刻感到一股怒意衝上腦門向他叱責幾句，沒想到卻遭到對方大聲咆哮：「你閉嘴啦！」

接下來，請你再想想以下的畫面。

在一個春暖花開的日子，你站在月台上。你和女朋友剛剛賞完花正要回去。這時候，電車進站了，你們兩人找到位子坐了下來。就在此時，一個老人家步履蹣跚走了過來，你立刻起身把位子讓給老人。

前面是在寒冷冬日被人搶了座位，後面則是暖暖的春天讓座給人，針對這兩件事情，哪一件事會讓我們生氣呢？

多數人通常都會對前者感到生氣吧！讓位給老人家通常不會令人生氣，不僅不會生氣，甚至還會感覺一陣暖流穿越全身，內心快樂洋溢。

其實如果再進一步分析這兩種狀況，同樣都是「站在月台上，電車進站後希望找到位子坐下來，結果卻沒有坐到」，但是卻因為受到不同的因素影響，造成前者讓我們感覺忿怒，後者則令我們感覺喜悅。為什麼會這樣呢？

同樣一件事，情緒卻截然不同

這兩個例子告訴我們，同樣是「沒有座位可坐」，卻發展出兩種截然不同的情緒。假設讓我們再進一步聚焦在這兩種情緒變化的焦點的話，就會發現到，其中一個發展方向是「全身又冷又疲倦，只要碰到一個小小火花，怒氣立刻湧上心頭」；另一個發展方向則是「和女朋友快快樂樂賞完花，滿心歡喜，心甘情願把座位讓給老人家，又受到女友的稱讚，自己更是心花怒放」。換句話說，這兩種不同結果其實是受到完全相反的情緒所影響。

我們的情緒就是類似這種情況逐次變化而來。

身體很健康或是一連串的好運之後，即使稍有挫折也不會太在意。但是，如果身體不舒服，又發生令人不愉快的事情的話，不論遇到任何事情都會令人心情不好。

我們的情緒很容易受到各種事情的擺弄，受到這些情緒的擺弄才會讓我們的人生疲於奔命，究竟該如何做才能避免呢？首要之務就是隨時去察覺自己所處的狀態。如果你希望克服忿怒，就要特別注意自己的情緒，尤其要知道在極度疲倦時更容易動怒，掌握住這些是很重要的。即使已經非常注意卻還是發脾氣的話，就必須試著轉換心情來避免發更大的脾氣。

克服忿怒的兩個步驟

接下來就要談到克服忿怒的要領。請你務必記住前面所說的有色眼鏡的比喻。這副有色眼鏡並不是眼科醫師用來調整視力所開立的處方眼鏡，而是類似用來搭配服飾的太陽眼鏡。這種眼鏡五花十色，包括有：忿怒眼鏡、欲望眼鏡、小氣眼鏡、慳吝眼鏡、煩惱眼鏡、悲觀眼鏡、找碴眼鏡、貶抑他人眼鏡等等。

忿怒、小氣、慳吝、煩惱、妒嫉、找碴、貶抑他人……這些眼鏡都是忿怒工廠製作出來的產品。如果你戴上這些眼鏡是為了裝扮自己的話，恐怕絕對無法讓你變得更美。你絕對不是戴上名牌眼鏡的紳士淑女，看在別人眼裡，你像是一個戴上醜陋眼鏡的鬣狗。那麼，究竟該怎麼做呢？答案很簡單，只要拿掉眼鏡並且把眼鏡甩得遠遠就好了。

這是因為忿怒已經成為個性上的一種慣性，很難把這個醜陋的眼鏡拿掉，因此，請務必做到以下兩個步驟。

①首先要確認你現在戴的是什麼眼鏡？

②自我警惕

這兩項就是重要的訣竅。或許你會問：「究竟要自我警惕什麼？」答案是要隨時自我察覺到「我現在正戴著不合適的眼鏡，所以不可以輕舉妄動！」正因為戴著不合適的眼鏡，看到的東西都不正確，因此，不要輕易說「我看到這個」或是說「我看到那個」。再者，戴上有色眼鏡之後，就無法看到正確的顏色，當然無法判斷色彩。

總之，你要告訴自己：「我現在正戴著忿怒的眼鏡，所以不可以隨便跟別人說三道四，不論我說什麼，都是不應該對別人說的話。這時候，我不可以胡思亂想，也不該妄想。因為現在我的頭腦只會想一些不該想以及不該妄想的事情。」換句話說，就是讓自己「休息一下」。唯有休息一下，才能讓自己摘下忿怒的眼鏡，也只有慈悲的眼鏡、歡喜的眼鏡、體貼的眼鏡、幹勁十足的眼鏡等等的眼鏡才能夠為你帶來幸福。也唯有「休息一下」，才能慢慢的、慢慢的摘除其他的眼鏡。只要天天進行此種訓練，自然而然就能解決生氣的問題。

人們對於各種事物所產生的情緒反應，我在此將它比喻為「有色眼鏡」，佛教的用語稱為「見解」，佛陀則推薦「正見」。請你嘗試去實踐這個簡單的方法，就能夠慢慢的把邪見轉換為正見。

接著，就讓我們進入第二個步驟。座位被年輕人奪走，自己感到忿怒不已；讓位給老人家之後自己則感到欣慰。兩者的情況都是原本很想有座位，最後卻都是站著。由這兩件事也可得知，有些事情看似美麗，有些事情則令人覺得醜陋、感覺不舒服。這種判斷基礎都不具備客觀性、理性與科學性，完全是個人的主觀，個人的自由意識，根本與事實無關。也就是說，「生氣」根本是自己的主觀問題，並不是世界上原本就存在著值得你生氣的事情，世界上根本沒有一件事是應該生氣而必須為它生氣。一切事物都是「理所當然的」，生氣又能怎樣呢？卻因為人人擁有「生氣」的習性，很容易就對「理所當然」的事情生氣；然而就算是暴跳如雷，事情也不會因此改變。

以下將要介紹一種訓練方式來解決這種問題。其一：試著採取多方面的觀點來觀察一切事物。例如：當你覺得「那個人看起來很討厭，令人感覺不舒服」，就表示你已有忿怒之心。此時，你不妨自我挑戰一下，試著改變不同的看法，亦即自己進一步研究看看「我該怎麼做，才會覺得他看起來不錯？我該怎麼想，才能把他看成普通人而不會感覺不舒服？」

就算是感覺很好的事情，你也不妨採取多方面的觀點來挑戰看看。例如當你看到美麗花朵時，不妨在腦中進一步研究，並且深入理解到「花朵其實沒有美醜，只是表現它應有的顏色與型態而已」。要實踐到這種程度或許很難，但是只要盡可能試著實踐，自己的主觀看法就會逐步改變，視野也會變得更寬廣。

例如：當孩子大聲喧嘩吵鬧時，一定令你生氣，很想破口大罵，其實這是自己的主觀意識所造成，因為你認為孩子應該乖乖讀書，對孩子才有幫助。不過，現在請你改變一下這種看法，把孩子的吵鬧解釋為：「這孩子確實精力旺盛，個性開朗又沒有心事，長得真好，小孩子如果不調皮搗蛋反而才需要擔心呢！」只要轉化為這種思考模式，自然就能讓不斷湧上心頭的怒意消失殆盡。

假設你的朋友半夜打電話過來，早已經進入夢鄉的你，卻被電話聲吵醒，一定令你怒火中生，大發脾氣。接起電話一聽，結果也沒什麼大不了的事情，等到明天或後天再說也沒什麼大礙，如此一來一定令你更加生氣。不過，請你先壓抑怒火，轉念一下，「朋友一定認為我是一個值得信賴的人，他相信即使我被電話吵醒也不會生氣，也相信我是個心地善良的人，才會在半夜打電話給我」，只要心念一轉，就怒意全消。

一般人對於食物的看法，似乎也很難轉變。超愛吃蕎麥的人，很難認同「蕎麥很普通，沒什麼美味可言」的說法。另外，有人很愛吃奶油蛋糕，絕對無法認同「奶油蛋糕超難吃」的說法，這類情形很值得試著改變看看。一開始不見得要把「好吃、美味」的看法改變成「很難吃」，而是先轉念為「很普通」。對於必須飲食控制的人而言，這種轉念方式是很有幫助的。明明很愛吃某種食物卻被嚴禁不能吃，這會令人感覺很痛苦。例如糖尿病患者必須嚴禁甜食，這種例子經常可見。此時就需要用到轉念。亦即把不能吃的食物視為毒物，並告訴自己：「以前我確實很愛吃這個東西，但是現在對我而言，它是毒！」經此轉念之後，心情就會變得輕鬆自在。

轉念就是「了解自己所處的環境，試著轉變想法」，不妨將此種轉念視為一種好玩的遊戲，這是一種動腦遊戲，可以讓自己變得更聰明，使偏見消失於無形，並可令怒氣全消，讓自己可以生活得更輕鬆自在。

情緒會攪亂對事情的看法

以下要介紹的是中國古代的故事。

有一個人的斧頭不見了，他認為是鄰居的兒子偷了他的斧頭。於是就抱著懷疑的心態偷偷觀察鄰居的兒子，他覺得對方的表情看起來就像小偷，說話方式也像小偷，連走路方式看起來也像小偷的樣子。

但是，有一天，他找到了他的斧頭，原來是他自己忘在某個地方了。此後他再看到鄰居的兒子，就不再覺得對方一臉小偷樣。

這就是俗話說的「疑心生暗鬼」。這個故事告訴我們，情緒往往會影響我們對事情的看法，我們經常會受到情緒的矇騙，更危險的是，我們通常不會發現我們正受到情緒的矇騙。

另外，古代阿拉伯也有一個故事。

有一位國王出外打獵時迷路了，陽光酷熱，他的肩膀上停著一隻他最心愛的老鷹。國王忙著四處找尋出路，突然發現一棵大樹上汩汩流出一道清流。國王龍心大悅，正要靠近大樹喝水時，沒想到老鷹卻凶猛的張牙舞爪阻撓國王靠近大樹。國王不禁怒火沖天，快速拔出腰際利劍砍死老鷹。但是，國王隨即發現原來有一條大蛇盤踞在大樹上，他所看到的清流其實是大蛇毒牙所流出的毒液。國王緊抱老鷹的屍體後悔不已，但是已經後悔莫及。

忿怒會遮蔽我們的雙眼。因為我們往往會情緒化來思考事情，認為「我會發脾氣，都是因為別人做了不該做的事」，然而從前述兩則故事可以得知，若能先靜下心來仔細想想，我們應當就能在後悔之前，早一步察覺到情緒的適當性。

世上有許多勸人不要被情緒捆綁的故事，當我們聽到這些故事時，不妨捫心自問，自己是不是也有受到情緒捆綁的危險呢？

佛教很明確的告訴人們「感情即煩惱」，亦即藉此告訴人們避免讓感情來搖動我們的理性。雖然人們聽懂這句話的涵義（也僅止於了解字面文義），卻仍然免不了時常聽憑感情而行事。因此，每個人應該要慢慢學習如何處理情緒、如何面對情緒，才能夠克服發脾氣。

徹底分辨兩種忿怒

緊接著，讓我們進一步討論克服忿怒的方法。在前面介紹過的故事當中，其實包含有兩項重點。

① 因為自己胡亂判斷而忿怒。

② 自己受到阻礙而忿怒。

當你察覺到內心怒火中燒時，不妨自我反省一下，你的忿怒型態究竟屬於①或是②，做法就是如此簡單。只要了解到「我現在的忿怒屬於①」、「我現在的忿怒屬於②」，就能夠令怒氣逐漸平息下來。

接下來還有第二個步驟，那就是你能夠把上面的步驟實踐到何種程度？我們發脾氣的時候，通常都會不停的碎碎念，因此，如果你的忿怒型態屬於①的話，就要避免「批判他人」，其實很多宗教也都把「不要批判他人」列為必須遵守的戒律。因為人性是很難了解透徹的，不僅難以了解別人，連自己都很難了解自己。每個人都認為自己「個性溫柔、不會嫉妒、樂善好施、做事兢兢業業、忠厚老實」，然而事實並非如此。人人都屬於多樣貌，隨時都在改變，且非隨時都能掌控自己。既然連自己都很難自我評判，我們就更不應該去批判別人。假如你當場發現有人偷走你的皮包，那個人罪證確鑿就是小偷，你當然可以大聲喝斥他「小偷」，因為他做出偷竊的行為。但是，這位小偷並不是從出生的那一刻到死亡的那一刻隨時都在做小偷勾當，他的人生當中應該也曾有過養家活口或幫助朋友的行為。

因此，我們根本不可能對他人做出總體性的判斷，因為每個人的個性並非終其一生完全相同。假設他偷竊的次數比較多，我們最多只能說他有「偷竊的傾向」。偷情劈腿過兩三次的人，我們不能說他「一輩子只會偷情劈腿」，最多只能說他有「劈腿傾向」。其他宗教主張「不要批判他人」，佛教則主張「不得批判他人」，所謂的「不得」，指的是「絕對不要」，也是要我們冷靜下來之意。

第②種忿怒是因為自己受到阻礙而發脾氣。偶爾受到一點阻礙其實也很好，因為當我們不該受到阻礙卻受到阻礙的話，我們就會想方設法去解決。只要對方沒有惡意的話，不妨對他說「你妨礙到我了」，但是如果對方是惡意阻撓的話，我們也只能離開現場，做自己該做的事。重點是你一定要了解「受到阻撓而心生怒氣時，化解的方式是必須依據各種情況而改變」，而且究竟應該怎麼做，也唯有靠自己去發現，並沒有既定的解決方法。

「生氣可以解決事情」是一種錯覺

有一個人喜歡喝綠茶。某天早上，他像往常一樣泡了一杯綠茶慢慢啜飲，接著打開電視，電視正在播放綜藝節目，而且正在談論的主題是「綠茶有益健康」，一切準備妥當之後，他懷著愉快的心情踏出家門去上班。

第二天，這個人也是一邊喝茶一邊看電視。他看的是新聞節目，播報的是「某地採收的綠茶被檢驗出含過量農藥」，突然他感到心情一陣晦暗，並且感覺嚴重消化不良。

這種例子經常可見。此人的反應看似理所當然，其實卻是完全不合理。他所喝的綠茶是他每天必喝也很愛喝的飲料，過去喝綠茶時，從未發生過特殊的感覺，但是一旦聽到「綠茶有益健康」，就感到全身舒暢無比；相反的，一得知綠茶是「不好的飲料」，立刻感覺到嚴重消化不良。

這種情況在醫學領域上稱為「安慰劑效應」，亦即「情緒」對人體的影響非常深遠，只要認為是好的，身體狀況就會變好，甚至連檢查的數據也呈現是好的；但是一旦認為是不好的，可能就會強烈影響到健康狀態，致使身體狀況惡化。當病患感覺身體疼痛時，開給他不具鎮痛效果的藥劑，卻告訴患者此藥劑可以有效消除疼痛。患者服用之後，果然疼痛消除。此種效果就稱為「安慰劑效應」，而且的確經過實驗證實的。

忿怒也有近似「安慰劑效應」的效果，忿怒其實就是一種安慰劑。例如：有的公司主管很愛用暴跳如雷來嚇唬部屬，令部屬在工作上全力以赴。因為這類主管深信，利用忿怒威嚇的手段可以讓部屬努力工作。這類主管認為管理部屬時，採用發脾氣的方式可以激起屬下的幹勁或是藉此和部屬溝通，所以他們才會採用發脾氣的方式。表面上似乎也很有效，一看到主管發怒，部屬通常會默默做事；當父母暴跳如雷時，小孩子通常也會表現得乖乖的，絕對不敢放肆。在錯綜複雜的國際問題當中，忿怒通常也成為一種原動力；為了推翻獨裁政權，人民必須發出怒吼團結在一起。想要侵略鄰國時，就必須激怒國人。這些手法表面上看起來似乎都很有成效，有人認為忿怒是「必要之惡」，但是這類忿怒反而是一種麻煩。它不僅是「安慰劑」，甚至可以說是「毒藥」。

拋棄「必要之惡」的忿怒

首先，人們對於忿怒的理解方式就發生了很大的問題了。把忿怒視為原動力其實是一種誤解，忿怒只會造成破壞。因此，戰爭時才要激發眾人的忿怒，也才會進一步去殺人。但是，即使在戰爭期間，一旦採取瘋狂的行動，最後必然挫敗。唯有站在理性的一面，進行正確的諜報行動，確立明確的戰略，穩重且腳踏實地奮戰不懈，最後才能夠真正獲勝。

上司對部屬暴跳如雷，主要用意是希望部屬乖乖做事，但是此舉卻無法讓部屬充分發揮才能，只是讓部屬繃緊神經去討上司歡心而已，對整個公司而言，反而只會帶來不良影響。如果主管採取和顏悅色的指導方式，精神上充分支持部屬，可以讓屬下的心情更加開朗，才有助於業績蒸蒸日上。如此一來，即使上司因故必須離職，仍然會受到部屬尊敬。

你不妨問問自己：「我希望自己是人生勝利組？還是失敗組呢？我想成功呢？還是希望失敗呢？」答案一定非常明確，每個人都希望是人生勝利組，不想要失敗，更想要成功。你知道嗎？有一種魔術棒可以幫你達成願望，這個魔術棒就是「不論遭遇任何事情，隨時都面帶微笑」，而且還要告訴自己：「生氣是黑魔術，慈悲是白魔術」。施用生氣黑魔術的話，咒術效力會反彈到自己身上；慈悲白魔術則會產生在黑暗處點燃燦爛燈火的感覺，令人感到幸福美滿。因此，希望每個人都能隨時檢查自己的原動力，問問自己：「我現在揮動的是黑魔術棒嗎？還是白魔術棒呢？」一旦發現自己手上揮的是黑魔術棒，應該就會自然而然甩掉才對。只要採用此種訓練方式，自然就可以從「忿怒為必要之惡」的理論當中解脫了。

Chapter 02

忿怒的關鍵都在自己身上

只要自己願意
隨時都可以掌控情緒

幻想的幸福

請聽我說一個故事。

有一個女生失戀了，多年之後她一直對那次的失戀後悔不已，即使有機會認識很多男生，她依然認為「還是那個人比較英俊又有魅力，他一定會出人頭地，也一定會是個好先生、好爸爸……」自此之後她一直無法再結交新男友。

有一天，她和失戀對象再度相遇，對方看起來又老又胖，又遭到公司資遣，甚至還因為經常對太太施暴，最後落得離婚下場，獨自辛苦撫養孩子。得知此事之後，她不禁為當初的失戀慶幸不已。

「那時候如果這樣做的話該多好……」或是「那時候如果不這樣做的話該多好……」，我們經常會出現這兩個念頭。

然而根本回不到「那個時候」，就算我們再怎麼後悔也毫無用處，明知如此，我們卻還是經常為過去的事而後悔；而且還會產生錯覺，誤以為「失去的是幸福，現在擁有的是不幸」。

一般人認為「過去都是美好的」，然而只要翻開久遠以前的報紙，就會發現那時候的報紙經常報導許多悲慘的社會事件，例如：缺乏食物造成兒童營養不良、在寒冷的冬天必須打著哆嗦到井邊打水……。

也就是說，我們經常被美化的記憶所矇騙，致使幻想不斷膨脹，為自己築起一個玫瑰色的世界，自認為「那時候如果這樣做的話，現在應該會……」，而且又和現在的自己做一番比較之後，更對現狀產生不平與不滿。

我們經常把別人和自己的境遇做比較，有時也會把現在和過去做一番比較，然後幻想出一個現實生活中不可能出現的幸福形象，甚至為此深感煩惱與沮喪，對事實感到忿恨不已。

懂得知足才能消除後悔

「後悔」（kukkucca）是令人陷入精神病的原因之一。後悔又分成兩種。

① 當初應該那麼做就對了

② 當初不應該那麼做就對了

換言之，所謂「後悔」，就是對於「做過」和「沒有做過」的事感到煩惱。

「過去」代表已經結束，絕對不可能重新來過，因為時間不可能環繞，而是單行道一直延伸而去。縱使對於過去的事情感到心煩，也毫無解決的辦法。後悔的人只會讓精神陷入谷底，後悔有如一輛把人們載往不幸與苦難的交通工具，一旦搭上這輛交通工具，終點站就不言可喻了。

這也是屬於腦部的問題。大腦會體驗現實的世界，原始腦對於此種刺激則是絕對不會感到滿足，只會隨心所欲的期待而已。但是，原始腦所期待的事情又不會發生在現實世界，因此，不滿會在每一瞬間不斷累積，這種不滿的壓力會自然而然轉化為「後悔」。這種轉化構造其實很簡單。

例如：我們要出外旅行之前，腦海裡一定充滿快樂之旅的「幻想」。但是一抵達目的地卻遇到下雨，風強雨大又濕冷，破壞了旅程與遊興，令我們的大腦感到不滿，而且這個不滿會轉變為後悔。腦袋裡不停想著：「出門前應該先看天氣預報才對，應該選在晴天才出外旅行，出門前知道天氣不好就應該取消旅行才對……」。但是，既然已經發生，不管你再怎麼想也無可挽回，根本毫無意義，這就是所謂的「後悔」。

現實生活並非一切完美，在現實世界中，很難事事令人「滿足」，因此，縱使無法獲得滿足，倒也不需要心生「不滿」。但是，我們的腦袋卻會深刻記住不滿，這才是造成挫折感的主要重點。不能滿足就心生不滿，這種想法是完全錯誤的，我們不應該學會「不滿」，而是應該訓練自己如何學會「知足」（santuṭṭhi）。

其實在我們內心，原本就不具備「知足」的能力；凡事容易傾向「後悔」則是先天就具備的人性。一旦受到後悔的感染而讓自己陷入精神病態，就必須注射「知足」的抗體。現在就讓我們來了解什麼叫做「知足」？其實這個道理一點也不難懂。

假設我們中午吃了一尾鹽烤秋刀魚。即使我們選用的是非常新鮮的秋刀魚、也請烤魚專家為我們燒烤，但是，鹽烤秋刀魚仍無法完全滿足我們的味覺。不可諱言的，鹽烤秋刀魚在某方面而言確實很美味，但是卻仍有秋刀魚獨特的腥味，和鹽烤鯛魚比較之下是完全不同的味道。如果你希望吃鹽烤秋刀魚就能夠滿足自己的味覺，那是因為你期待鹽烤秋刀魚能同時包含有鯖魚、鯛魚以及其他各種魚的味道。現在就讓我們走一趟「魔法國度」吧！在這個魔法國度中，只要吃鹽烤秋刀魚，就可以品嚐到所有鮮魚的美味。這樣的話，你認為就可以讓自己完全滿足嗎？只有魚的味道是無法讓任何人感到滿足的，還需要有白飯、味噌湯、泡菜、甜點、茶。

為什麼需要這麼多東西呢？因為每樣東西都是不完整的，必須由許多東西來組合味道。但是，縱使如此還是無法達到完美，因為每樣東西各有獨特的味道，會阻撓我們的味覺。假設我們吃了一百種食物，或許可以品嚐到一百種味道，但是同時也必須品嚐到妨礙它們的一百種特殊味道。

因此，理性的人會做這樣的思考：「鹽烤秋刀魚『並不是完全完美的』」。鹽烤秋刀魚只是完美的表現出它的味道，但是這種味道並不能完全滿足我們的味覺。另外，醃蘿蔔也只是完美的表現醃蘿蔔該有的味道，但是，當我們試著只吃醃蘿蔔時，原本應該覺得美味的我們卻開始感到難吃，由此可知醃蘿蔔「並不是完全完美的」，既然不是完全完美，就無法給予多餘的冀望。你的先生、你的妻子也不是完全完美的；你的孩子、你的朋友也不是完全完美的；你的能力、工作、收入、住家以及世上的一切事物，也不是完全完美的，當然就無法給予多餘的冀望。因此，請你不要明明嘴裡吃著鹽烤秋刀魚，卻期待能夠有鮪魚腹肉的美味。世上的一切事物都不是完美無瑕的，這才是真正的面貌，也就是「完美」。例如：孩子的考試成績是70分，他已經非常努力用功，所以他得到了符合他的能力的「滿分」。如果有人認為：「為什麼他沒有考一百分？為什麼他不好好用功考一百分？」抱持這種想法的人，其實只有「愚蠢」兩字可以形容，這是因為他不了解「世上沒有完全完美」的理論。

允許與理解事情的不完美

完全了解自己或人世間一切事物並沒有完美的，而且也不會冀望一切事物必須完美，這就是佛陀所說的「知足」。「知足」二字其實是一種非常有趣的想法。凡事知足的話，你的人生將會變得有趣好幾倍，甚至讓你快樂到無以復加的程度，根本沒有多餘的時間讓自己忿怒或後悔。

因此，當你喝茶的時候，不會想到應該還有更好喝的茶，也不會想到其他無趣之事。你只會想到你現在所喝的茶湯，正努力把它所擁有的味道表現到完美的境界。或許你沖泡的已經是兩年前採製的舊茶葉，但是，仍然沖泡出茶葉本身所具有的完美味道。暫且不論你喜歡或不喜歡這種茶湯的味道，這是另一種層次的問題，重要的是，這世界上不論是哪種茶，都無法完全滿足每一個人的味覺。因此，喝茶時，請你不妨用體貼的心態告訴自己：「這個茶葉很努力的把自己的味道表現到最完美的境界了！」

接著們再來探討另一個例子。有一隻貓突然在地毯上吐了一堆毛球，把地毯弄髒了一小塊，但這並不表示貓做了壞事或做了不該做的事，牠只是根據身為貓的思考邏輯，經過完美的考慮之後，選擇在地毯上吐出毛球。看在主人的眼裡，貓的行為是很不完美，主人的工作就是把地毯清掃乾淨，所以整個事件就在不完美當中結束。

所以，我們應該要試著去享受「不完美的事物」，不論自己或世上的一切都是不完美的，這才是值得玩味的地方，可以讓我們玩組合遊戲。有人唱歌很好聽卻不會跳舞，有人擅長跳舞卻不會唱歌，如果將這兩種人組合起來一定很有趣。但是，就算把這兩種人組合起來，也不算是非常完美。

了解了世上沒有完美的人事物之後，我們再來考慮各種組合吧！請你絕對要放棄找一個完美的理想情人，這個世界上也沒有完美的朋友，你要考慮的就只有你和對方究竟會成為哪種組合？所謂「豆腐」，就是淋上少許醬油就可以吃的一種食物，它並不代表完全美味，但是就只要淋上醬油就足足有餘了。光吃豆腐顯得平淡無味，淋上醬油就讓人吃得回味無窮。人生也是如此。後悔只會浪費光陰，糟蹋自己的人生，是愚蠢者的生活方式。所以，希望每個人都能懂得接受各種事物的組合，凡事知足，然後以「智者」的心態過生活。

服務人員態度欠佳時

假設你現在正走進一家經常消費的小酒館。老闆娘原本是個性開朗的人，平常都會和你高談闊論、談笑風生，今天卻不知道怎麼回事，臉上沒有半點笑容，頂著一張撲克牌的表情，快快不樂的對你說：「今天要點什麼菜？」

假如你的個性原本就溫柔敦厚，或許會對她說：「妳今天怎麼了？好像有點心情不好！」如果你的脾氣火暴，恐怕早就對她大聲怒吼：「喂！妳這是什麼態度！」不論前者或後者，想必都令你感覺不愉快。

通常我們都會把整個事情歸罪在那位老闆娘的身上，並且會為此憤恨不已的在內心嘀咕：「今天老闆娘的態度真令人不舒服，喝起酒來也讓人難以吞嚥……」。

幸福快樂都是靠自己創造

自己的快樂並不是靠別人去創造。

別人都為他自己的事情忙得焦頭爛額，根本沒有多餘時間去思考如何為你創造幸福，別人也沒有道理和義務來為你創造幸福。如果你希望由別人手中獲得幸福，那是你自己想太多了，根本脫離了世道人心，遠離現實了。

再者，不論你擁有多少輛高級名車、擁有各種名牌商品或是擁有金山銀山，也無法保證你一定會幸福。我們無法從有心、有感情的別人身上獲得幸福，當然更不可能從沒有心、沒有感情的物質來獲得幸福。如果你認為：「幸福是來自別人身上，幸福是來自各種物質」，恐怕你的一生將會落入悲慘境遇。換句話說，你的一生將會落入「忿怒」的泥淖中。

幸福快樂全都靠自己創造。如果小酒館老闆娘的表情黯然，只要你笑容可掬，自然可以炒熱氣氛。總之，真正的幸福快樂是發自內心，只要我們打從內心翻湧出歡喜心，不僅懂得欣賞昂貴的名牌商品，即使在路邊看到一顆小石頭也會感覺雀躍。

在腦中輸入幸福指令

有一個人在海邊撿到一根形狀醜陋的漂流木，卻因為形狀醜陋令他覺得很有趣。他試著把漂流木擺飾在家裡客廳，結果變成世上獨一無二的珍貴作品，而且沒有花費半毛錢。由此可知，幸福是由內心所產生出來的，完全不用期待別人。期待別人或物品為你帶來幸福，這種生活方式不就和寄生蟲一樣嗎？這種生活方式只會引起別人的厭惡與唾棄，也只會招徠別人的忿怒。

接下來我要教你的是，在腦中輸入幸福的具體方法，這個方法就是「經常面帶笑容」，而且完全不用在乎別人的想法。就算是勉強自己，也要試著時時面帶笑容，久而久之頭腦就會習慣，並且會自然而然呈現笑容。接下來我們的頭腦會以「有趣好玩」的角度看待任何事物，自然就不會生氣。

平常就要不斷對頭腦輸入指令：「我沒有任何問題，我很幸運，我活得非常快樂。」不過，有時候我們的頭腦並不會直接接受這類指令，甚至可能出現相反的結論。例如：如果你一直想著「自己提出的計劃書不被公司採用，簡直倒楣透頂。孩子還對我說『最討厭爸爸』，一切都不順利，我還有什麼幸福可言呢？」腦袋裡想的都是這些負面念頭的話，就會把幸福從腦袋中驅逐出去。在面對這種狀況時，又該如何是好呢？這時候就應該要懂得「觀想事實」。你提出的計劃書並不一定要被採用，那份企劃書只不過是你隨便想想就提出去的，被採用的機率當然不高。更何況這份企劃書事關整個公司，而不是只關係到個人，責任就更重大，當然不可能隨隨便便就被採用。再者，我的孩子很想跟我一起玩，也希望我幫他買他一直很想要的玩具，也就是孩子對我有很大的期盼，正因為他對我有很大的期盼，他才會勇敢且毫不猶豫的對我說「最討厭爸爸」。總之，一切都沒有問題，一切都很順利。

也就是說，當腦子裡的幸福指令受到反駁時，不妨把每個問題一個一個找出來，然後逐一檢討就夠了。最後的答案應該是「其實沒什麼大不了，一切都是理所當然的」。

為什麼受傷時會生氣

我們現在來假設一個因為一場意外而受傷的情況。

例如：有一個人正急著出門，匆匆忙忙正要關窗戶的時候，大拇指卻被窗戶挾傷了。由於他關窗時用力過猛，把拇指挾得很痛，又沒有時間擦藥包紮，只好忍著疼痛匆匆趕到車站，卻剛好目送公車離站，眼看上班就要遲到了，更令他感覺到拇指的痛感加劇。就在此時，他又發現剛剛出門時忘了帶外套，結果原本的拇指疼痛終於轉化為激烈的忿怒湧上心頭。

以上這些情況你都可以想像吧！想必很多人都是心有戚戚焉吧！當你遇到上述情況時，一般人都會感到忿怒，怒氣一旦上升到令人眼前發黑時，恐怕就沒有多餘心思去考慮自己為什麼會生氣了。

一般人通常都是認為「因為受傷了才會生氣」，但是只要深入探討的話就會發現到「是因為不希望會痛，卻體會到疼痛才會發脾氣」。之所以會生氣，主要是因為他個人私自期待「不會痛」，這個例子的主角卻一再發生令他生氣的事情，才會令他的怒氣不斷倍增。也就是說，他私自決定「不要一直發生意外」，結果卻不如他所預期的，才令他非常生氣。

多數人會因為意外受傷而生氣，不僅對受傷生氣，也為了生病受苦而生氣。他一直想著「為什麼我要遭受這種痛苦」，這種念頭讓他深感痛苦。

忿怒會奪走我們的理性，一旦陷入狂怒，就很難去思考忿怒的真正原因。我們應該隨時保持平心靜氣，稍有怒氣時就趁火種尚小時，就要探討出忿怒的原因。只要平心靜氣理性思考的話，就容易察覺到自己任性的情緒。而且只要常保平心靜氣，自然可以忙中有序，有條不紊處理事情，當然就不會發生用力關窗戶的事了。

但是，俗話說「禍不單行」，有時候總是難免會發生意外，所以，奉勸大家行事要謹慎，千萬別粗心大意。

好好享受「天外飛來的意外」

解決方法非常簡單，只要記住這句話：「今天對我而言是一個非常不吉利的日子，這是很難能可貴的日子，我一定要盡情享受這種不吉利。」這句話翻成英文的話就是：Today is my "precious and rare" unlucky day.

我們通常會忘記一個重點，我們之所以會感覺不幸，那是因為我們很久很久才會遭遇一次不如意的事，且遇到的機率非常低，很少有人會每天活在接連發生不幸的日子當中。一般人平常都過得平安順利，然而只要突然發生某件事就會感到心煩不已，這倒是有點奇怪。有時候卻又不得不勉強自己去想：「我過去的人生太順遂了，今天的不順應該忍耐一下。」其實根本不需要勉強或欺騙自己，倒不如好好的享受這些不順或不幸的事情。「不幸」有時也是很有趣的，俗話說「禍不單行」，亦即禍事通常都是接踵而來，這沒什麼好奇怪的。

大腦如果一直期盼著好事連連，這是幼稚的大腦，每個人在順遂時應該保持冷靜，不順遂時則要堅忍不拔，這才是成熟者的大腦。因此，即使遇到天大的不幸，也請你務必要抱持「享受」的心態去面對。

忿怒會逼人做出愚蠢的行為

這是很久以前的一個故事。

有個人很討厭他的鄰居。這種忿怒已經大到讓他無法進食，好朋友來訪時，看到他瘦骨嶙峋的樣子不禁大吃一驚。

「為什麼你會瘦成這個樣子？」

「我的鄰居經常跟別人說我的壞話，我真想殺了他！」

「我知道有一種咒語可以殺人，不過，使用這種咒語的代價是自己必須償命。」

沒想到這個人居然回答說：「請你教我咒語，反正我一定要殺了我的鄰居！」

——這雖然是一則笑話，卻說中了忿怒的本質。當我們怒火中燒時，往往就會變成情緒化的動物，完全失去理性。

跟別人爭執時，怒氣不斷攀升，最後可能說出一些令自己事後悔恨的言詞，我相信每個人都有過這種經驗。

接下來我再說一個美國的故事。有一個人到速食店點了果汁和漢堡，由於店員動作緩慢，令他心生不滿而勃然大怒。

他一向認為大聲咆哮、暴力相向才是男子漢大丈夫該有的風範，於是大聲怒罵店員，用腳踹收銀機，又把商品丟得滿地都是才揚長而去。

但是，由於他住在美國鄉下，要到另一個速食店距離很遙遠，這讓他當時又餓又渴不知如何是好，又加上踹收銀機時嚴重傷到腳，後來花了很長的時間才治癒。

有些人可能基於生活環境或教育的影響，打從心裡認為「發脾氣很帥」。也有人認為「可以隨心所欲發脾氣是有權力者的特權」，這種人深信只要是有地位、有權力或有錢人，就算是對別人破口大罵、頤指氣使，身邊的人也不敢喘一口氣。

但是，這些愛生氣的人並沒有發現到發脾氣所帶來的恐怖作用。忿怒會不斷膨脹，會逼人做出愚蠢的行為。前面所說的那個美國人其實只要心平氣和的對店員說：「麻煩你快一點！」，然而他卻選擇了不同的做法，最後才落得餓肚子和腳受傷的結果。

不過，在我們的現實生活當中，確實存在著許多脾氣暴躁的人。有機會遇到這種人的時候，我們必須努力的讓自己不受到對方怒氣的影響。因為我們根本無法控制對方的怒氣，而且如果我們以暴制暴來面對別人的怒氣時，恐怕會讓自己陷入不幸狀態中。

人世間就是一座學習的道場

人世間可以教我們許多正確的生活方式。所以，我們應該認真面對每天發生的人事物，認真學習正確的生活方式。在這個世界裡，負面教師的比例很高，也因為這樣，更可以讓我們輕鬆學習，這何嘗不是一件好事呢？

Chapter 03

忿怒的代價

忿怒會讓你失去很多東西

忿怒只會造成損失

忿怒是一種負面的情緒，經常生氣，你就無法體會歡喜心的滋味。在我們有限的人生中，如果一直活在負面情緒且缺乏歡喜心的生活裡，簡直是在浪費人生。總之，忿怒只會造成人生的損失。

忿怒造成的第二個損失包括有：傷害人際關係、降低別人對你的評價、生氣動手破壞東西時還要花時間整理……等等。總之，常言道：「忿怒會讓一個人的言行舉止陷入非理性當中，還必須付出相對代價」，這句話說得很貼切。

只要一發脾氣，就無法理性思考，也會喪失思考能力，甚至會做出冷靜時絕對不會做的事情而讓自己後悔不已。

忿怒會造成的第三種損失是，忿怒情緒不僅止於本人，而且會把忿怒情緒傳達到別人身上。換句話說，當你暴跳如雷時，往往會把忿怒情緒傳染給別人。

人心很脆弱，容易受到周遭的影響。因此，一旦有人動怒，身邊的人也會開始生氣，並且會相互受到影響，把忿怒情緒更加激化擴大、相互碰撞。換言之，一個人發脾氣時，就會奪走身邊人的喜悅，甚至引發彼此傷害的可能性。

立刻澆熄忿怒的火燄

我希望每個人都不要成為縱火犯。當你因為某種理由而生氣動怒時，請你務必嚴肅的告訴自己：「我的內心已出現忿怒的火種了！」你的妄念將會成為這個小火種的燃料，火勢將會慢慢、慢慢的增強。因此，請你好好自我檢討一下，哪一種思考方式將會助長火勢？哪種思考方式才能化成水來澆熄火種呢？這是我給你的題目，答案就在你的身上，我無法替你回答。

一點燃內心忿怒的火種之後，火勢將會蔓延到周遭開始燃燒，你的周遭也會受到這把怒火的肆虐。因此，你就是縱火犯，也是加害者。如果你身邊的人懂得理性思考、有教養又懂得自律的話，就會對著怒火澆水，以「正確的思考、正確的行為」這個水來制止怒火的延燒。不過，這是不太可能的。因為幾乎所有的人都只習慣生氣，卻從未受過不要生氣的訓練。因此，所有責任都在你自己身上。一旦出現忿怒的火種，就必須搶在形成火燄之前就讓它熄滅，亦即立刻阻絕一切妄念，以免火上澆油助長火勢。

不原諒別人只會讓自己內心變得晦暗

以下是一個禪宗的故事。

兩個和尚四處雲遊，有一天，兩人在河邊遇到一位美女正為著無法渡河而愁眉不展，其中一位和尚見狀，取得美女同意之後，一把抱起美女過了河走到對岸，放下美女之後，一臉什麼事也沒發生一般繼續他的行程。

另一位和尚看見整個事情感到非常忿怒，他認為這個和尚已經犯了「不近女色」的戒律。於是他趕上對方的腳步，等待對方給他一個懺悔的解釋。但是，遲遲等不到對方的任何解釋，令他更感生氣。兩個小時後，他終於忍不住開口詰問：「你犯了『近女色』的戒律！」沒想到對方的回答是：「我在兩個小時前就已經放下那位女施主了，沒想到你還一直抱著那位女施主啊！」

這個故事應該可以讓我們得到一點啟發吧！也就是說「過去的事代表已經完全結束了」，不論是自己的事情或別人的事情，如果一直執著過去，就無法做到「當下即是」的道理。所以，我們應該經常自我檢討「我現在正在生氣嗎？」一察覺自己有點怒意，就要盡快把這個火種消滅，並且以歡喜心集中在眼前應該做的事情上面。

創造「不執著心」

只要徹底了解「執著心」以及「不執著心」，這對我們的人生將很有助益。人一旦執著，人生將會越來越沉重晦暗，忘不掉這個也忘不掉那個，整個心被層層捆綁住。這種人總是忘不掉很多事情，但是卻又記性非常不好，亦即記憶力很弱。

所謂「不執著心」，就是該做的事情就拼命去做，完全不背負過去的一切。只要是現在應該做的，他就像拼命三郎似的戮力以赴，隨時隨地保持歡喜心。不過，這種人並不是把過去忘得一乾二淨，而是不在情緒上去背負過去。只要沒有執著心，記憶力一定非常卓越。

但是，我們每個人很難在突然之間就創造出「不執著心」，平常就要培養「理解與接納」，藉由「理解與接納」，才能夠順利步入「不執著心」的境地。人生苦短，不要再一直執著過去的事物而浪費寶貴人生，反而應該全神貫注在當下應該做的事情上面。

有人說「發脾氣很好」，是真的嗎？

前面一再談到動怒會損人害己，但是，偶爾還是有人堅稱「生氣會帶來好處」，他們認為：「只要發脾氣罵罵人，對方的態度就會改善」、「把不滿積鬱在內心，不如把怒氣爆發出來」。也有人認為發脾氣可以讓工作團隊更有向心力，做起事來更帶勁。但是，這種「生氣是好事」的想法果真正確嗎？

發脾氣會讓生氣者的內心產生波瀾，令人心煩意亂而造成不幸，同時也會令身邊的人感覺不安，尤其會讓受到怒罵的對象受苦不已。

一開始察覺到怒意就懂得處理的話，就不會傷害到任何人。反之，如果讓怒氣不斷向身邊的人一直、一直延伸下去的話，就會像漣漪一樣讓傷害不斷擴大。也有人認為：「一生氣就暴跳如雷的人比較不會在心裡積存壓力，由此可知生氣是好的。」

但是，對於他身邊的人而言，將會把他列入黑名單，只要一到大家無法再忍受的地步，就不再對他提供工作或金錢上的援助，甚且完全放棄他。想生氣就生氣的人通常會說：「才沒有這種事，我跟大家都很好！」「想說什麼就說什麼，這樣大家心裡才不會有疙瘩！」

然而這只是愛生氣的人自己單方面的錯覺而已。

首先，讓我們來探討這些想生氣就生氣的人的真面貌。

這種人根本不知道「生氣」的真正本質是自己的情緒，他當然更無法察覺到情緒的細膩程度，因此他才無法卸除內心的忿怒，並且讓怒氣不斷持續。咆哮怒吼或大發雷霆或許會讓他暫時感覺到情緒獲得舒緩，但是卻沒有解決「生氣的原因」，因此內心的不平或不滿只會持續下去。

如此一來，他就處於隨時抱著火種的狀態，看起來總是怒氣沖沖，結果身上的火種越來越多。換句話說，他時時刻刻都在生氣，因而受到別人的嫌惡，結果就更讓他感到生氣，周而復始陷入不良循環當中。

此外，生氣不僅會損害每個人的心理，破壞人際關係，甚至也對人體有害。當內臟不斷累積壓力，就可能誘發胃潰瘍或癌症，而且也容易令人感覺疲倦，加快老化速度。

對於他身邊的人又會造成哪些影響呢？

愛生氣的人通常比較情緒化，一受到挑撥就容易暴力相向或是口出惡言。認識他或了解他的人，通常不太會加以反駁，甚至只會一味忍讓。

一味忍讓的結果卻造成別人的心理壓力，結果就會把氣出在比他更弱者的身上。換言之，這就是「忿怒的傳染」。

忿怒是一種可怕的病毒

「我實在氣到不行，一不小心才會動手打孩子！」

家有叛逆兒的父母，通常會用「不小心」來解釋自己的行為。最近也經常可以聽到有關虐待兒童的新聞。有人提出這樣的理論：小時候受到虐待的人，成為父母之後也會虐待自己的孩子，形成一種「鎖鏈式的虐待」。

在打罵教育中成長的人，會把怒氣不斷累積在心裡，內心的忿怒可能在某一天爆發開來，把過去所受的氣轉而出在比他更弱的人的身上。

為什麼在打罵教育中成長的人，會把怒氣累積在心裡呢？為什麼他會欺負比他更弱的人呢？

忿怒者容易失去理性，口出惡言，毫無理由的大聲怒罵，完全不考慮他人的自尊心。

被罵者可能會因為被罵的內容，造成情緒波動，明明不想傷害別人，卻又背叛這種人際關係的要求，以致整個情緒往負面發展。這個時候，兩者之間的「權力、財力與能力的關係」就是最大的關鍵。如果將生氣者與受氣者之間做一番比較的話，生氣者通常以「權力者」或「強勢者」佔多數。人性其實也和動物差不多，絕不會攻擊比自己強大的對手。即使因忿怒而喪失理性的時候，也不會把怒氣轉移到比自己強大的對手。因為如果把怒氣轉移到比自己強的對手的話，一定會立刻遭到對手的報復，也會馬上受到制止。因此，忿怒者通常會把一肚子氣出在比自己弱的人身上，而且不會遭到對方的反彈，對方只會默默承受。

在職場或人際關係中居於弱勢的人、身體虛弱者、不敢對施暴者吭氣的人，通常會成為別人的出氣對象。這些受到欺負的人即使感到自己受到不合理的嚴厲對待，也是敢怒不敢言，只會一直壓抑，久而久之，內心就會受到扭曲而萌發報復心，心想：「我受欺負了，所以，我也可以欺負別人才對！」

當他受到欺負時，原本應該大聲跟對方說：「你這樣是不對的，請你不要再欺負我！」但是卻因為他的立場虛弱而不敢大聲說出來。就算他勇敢說出來，恐怕也沒人肯聽。如此一來，他只好找比他弱的人當出氣筒。

也就是說，一個忿怒者想找人出氣時，一定找比他弱的人，這股怒氣又會繼續轉到更弱者的身上，就像傳染病一樣，怒氣會尋找抵抗力比較弱的人不斷傳染、不斷增加、不斷傳遞到更多人的身上。

立場對等不見得就是好事

「忿怒會尋找比自己弱的人當出氣筒，並且不斷增加。」

於是，有人認為：「我跟他是以對等的立場在爭論，不會有問題的」、「我們了解彼此的個性，沒問題的」、「我們都是屬於大砲型，事後都不會放在心上」。

然而，事實果真如此嗎？恐怕是他個人的想法吧？每個人的個性不盡相同，受到別人責罵時，有的人會覺得受傷，也有人完全不當一回事；有人感覺很震驚，有人卻完全不在乎。有的人則可能會為此怒火中燒，然後私下找一個比他更弱的人當出氣筒。

把怒氣發在別人身上絲毫不以為意的人有一個很大的共同點，那就是他們非常相信自己的「感覺」，他們很天真的認為「這麼做絕不會有後遺症，所以絕對沒有問題」。

也許真的有這種在彼此互罵後都能夠心滿意足的兩個人。然而，忿怒屬於一種情緒，是一種心靈上的穢物。兩個人相互投擲穢物絕非幸福，反而會帶來不幸，凡是具有理性的人絕不會這麼做。假設有一對夫婦平常就習慣相互辱罵，但是當他們的孩子看到他們互罵、彼此斥責的狀況時，將會作何感想呢？他們的孩子一定不快樂，甚至只要聽到這對夫婦的斥罵聲，連左右鄰居也會感到擔心受怕。

如果有人還是堅持發脾氣是一件好事，那只是因為他們沒有再深入去探討而已。

何謂忿怒的代價

忿怒是一種負面情緒，而且在發生的當下就已經造成傷害，受到傷害的就是忿怒者本人。或許有人認為：「才沒有這回事！我只要大聲咆哮或摔摔東西，我的心情就暢快無比，這總比把不滿積在心裡好多了。」然而，發脾氣的當下其實情緒是激動的，心情也難以平靜，全身更會發熱，內心焦躁又不安，這是一般人的正常反應，這種傷害就是忿怒的代價。接著，請你把這種代價拿來和內心滿足的時候做一番比較。一個人感到滿足時，心情是平靜且穩定，可以充分體會到生命的喜悅。如果能夠選擇的話，相信每個人都會選擇平靜的心情，不願意選擇忿怒帶來的痛苦狀態。

縱使在咆哮或摔東西時會暫時出現全身舒暢的錯覺，但是隨之而來的將會是空洞、空虛的心情，只是徒然浪費自己的情緒而已。

也有人認為「痛痛快快發一場脾氣也是有好處的」，這種人只是把當時可能獲得的利益當做好處，根本沒有察覺到事後真正受損之處。不僅身體健康會受損，人際關係也會受損。在發脾氣的當下，被責罵的人可能只是表面上接受斥罵者的要求，或是佯裝接受斥罵，彼此之間其實並未確立信賴關係。

也有人把忿怒視為理所當然，自以為「現在職場上的年輕人都太差了，常常讓我發脾氣，我都是為了他們好才會對他們生氣」。其實就算發現到別人的不足之處，也不需要生氣。面對經驗不足的人或是做錯事的人，只需理性加以指正與輔導即可。不管在什麼時候，理性都是很重要的。

所以，請你務必謹記一點：忿怒只會帶來傷害，並不會讓你得到任何好處。

體認自己的立場來採取對策

接著就要來談談具體的實踐方法。剛剛所提到的內容可能讓你感覺很複雜吧！其實是你想太多了。在我們的周遭，有人很容易生氣，有人會因為別人生氣而遭受不幸。自己是站在加害者的立場或是站在被害者，兩者之間的解決辦法絕對迥然不同。所以，我們一定要分開來考慮。

加害者的立場：一生氣就把怒氣發在別人身上，這種做法並不會因此讓自己成為強者，而是無法管理自己的忿怒情緒，才會使怒氣爆發開來，周遭的人也會受到怒氣的衝擊而受害。這表示自己是一個一無是處的弱者，甚至是一個無法自我管理情緒的蠢蛋，根本就不應該毫無忌憚的對他人大發脾氣。因此，首先你要了解自己的弱點，並且設法加以隱藏起來。一旦發現到忿怒的火種，就要利用正確的思考方式來熄滅火種，藉此來消除忿怒的自爆行為。只要能一步一步去管理自己的忿怒情緒，自然而然就可以讓自己成為精神上的強者。

被害者的立場：如果有一個人拔掉手榴彈的插梢，硬生生塞到你的嘴巴，這時候你會怎麼做？你應該也無法可想，最好能盡量逃得遠遠的，遠離那個人。世界上有許多人很愛隨隨便便就大發雷霆，這只是他個人隨心所欲的行為，你的責任則是設法讓自己不受到波及。

其實做法很簡單。你只要在心中謹記一句話：「他正在狂怒當中，正在暴跳如雷，所以我絕對不可以生氣，也要避免自己受到傷害。」

Chapter 04

忿怒爆發的一瞬間

忿怒爆發的那一瞬間
通常都只是為了一點點微不足道的事情

忿怒是自己內心的產物

西方社會通常把各種不好的情緒視為「惡魔所為」，其中包括有：各種忿怒的情緒、嫉妒、吝嗇、慳貪等等，並且由這種說法衍生出下述理論：「自己都是正確的，都是受到惡魔的誘惑，才會產生罪惡的心靈。」

但是這個理論卻有個很大的缺點，也就是說，如果把忿怒很輕易歸罪為惡魔所為，那麼如果想要消除忿怒，就必須利用祈禱來驅除惡魔，根本都不需要考慮人的心理層面。

不過，只要冷靜想一想，就會發現到根本沒有具體的證據可以證明惡魔潛入我們身體裡面，讓我們違反自己的意志而發脾氣。由此可知，發脾氣絕對不是惡魔所為，而是自己自發性的發脾氣。換言之，忿怒是發自內心的一種現象。

以細胞來比喻的話，就可以很輕易了解其中構造。所謂「身體健康」，代表人體細胞都發揮了正常作用。有時候，我們本身的部分細胞會轉變為癌細胞，這種癌細胞會侵犯其他健康細胞，而成為我們身體的敵人。不過，癌細胞並不是由外入侵，而是我們自己本身的細胞。換句話說，當我們的心靈很健康時，我們就可以活得很健康，但是，一旦我們的心靈開始出現「忿怒」的癌情緒，就會造成嚴重問題。再者，當醫生決定要從人體摘除惡性腫瘤時，一定要先確認腫瘤的部位與大小。同樣的，若要平息怒氣，首先就要正確找出自己內心的怒氣是什麼？

在《佛陀教你不生氣》的書中，曾經分析過產生忿怒情緒的過程。

當你張開眼睛四處張望時，看到一朵玫瑰花，心想：「有一朵花，好美啊！」亦即你的心情會隨著開朗起來。

接著閉上眼睛，再睜開眼之後，卻看見玫瑰花上有一隻大蟑螂，不禁心想：「有一隻大蟑螂，好噁心！」這是一種「忿怒」的情緒。

換句話說，當我們眼睛看到、耳朵聽見、身體接觸到某種物體時，我們會自行判斷是美好或是醜惡的，並藉此來決定接受或拒絕。

當下判斷「好噁心」並產生忿怒情緒的，其實是「我們本身」，根本不是惡魔所為，也不是因為蟑螂的緣故。因此，佛教非常重視冷靜、正確判斷的重要性。

對自己的忿怒反應負全責

「我生氣是理所當然的」，這句話真實說出自己的心情。

我們經常對別人說「我很擔心你」、「我正在慎重考慮你的事」，說話者是否真實說出他的心情我們無從得知，但是，如果是忿怒的話，他的情緒一定是真實的。正因為自己認為理所當然，才會發脾氣，也正因為如此，忿怒才是最難以控制的邪惡情緒。

花朵上面有一隻蟑螂、周遭的人吵鬧不休、鄰居家裡發出惡臭……各種理由都會令人怒火中燒，而且這些事情也會讓人認為：「都是別人不好，我會生氣是理所當然的！」

要解決這類問題的話，其實方法很簡單。生氣的是我們自己。蟑螂並不是因為要惹我們生氣才停在玫瑰花上，周遭的人也不是為了讓我們生氣才吵鬧不休，鄰居也不是為了找我們的麻煩才讓廚餘發出惡臭，主要是我們的內心對這些資訊產生了忿怒的反應。因此，生氣的責任完全是我們自己，如果我們了解這一點的話，當然就有可能不會生氣了。

所以，我們不妨試著慢慢調教自己的內心。當你為了周遭吵鬧而生氣時，接下來不妨自我挑戰身處吵鬧中卻不動怒，這種挑戰只需要兩、三秒就綽綽有餘了。你可以和自己的情緒玩一場遊戲，亦即動怒後，接著消除怒氣，又動怒，又消除怒氣……不斷反覆下去。

察覺自己的怒氣

與其找出讓自己不生氣的方法，倒不如告訴自己「根本沒什麼好生氣」反而更有效，如此一來，就可以輕易讓自己不動怒。

但是，我們果真可以完全做到這種程度嗎？真正的問題在於明明在生氣，自己卻沒有察覺到，甚至有人認為忿怒情緒是一種正確的感應器，並且覺得「生氣是理所當然的」。

因此，首先要做到的是「發現怒氣」，也就是「察覺到自己的怒氣」。可能有人會懷疑「只要察覺到自己的怒氣就夠了嗎？」其實只要了解到「生氣是一件很可怕的事情」，人自然就不會生氣了。

沒錯，生氣是很可怕的，你一定看過別人狂怒到令人畏懼的樣子。所謂「狂怒」，指的是怒火心中燒的人表現出來宛如「狂人」一般的行為，這種人絲毫無法冷靜，而且怒氣會不斷的激增。一旦讓怒氣暴衝，最後可能對別人窮追猛打造成悲劇。

因此，佛教告訴我們，「忿怒是無知者所為」、「忿怒會讓人拋棄人性」。你一定要經常這樣告訴自己，並且深入了解其中真諦，久而久之，當你正要動怒的瞬間，應該就會立刻察覺到「我正在生氣，完全缺乏理解力、合理性與客觀性」。

也就是說，只要我們察覺到自己內心的怒氣，怒氣自然就會消失於無形。這就是佛教告訴我們的。

只要靜心觀察，怒氣就會消失

只要了解到「怒氣是自己心中產生的」、「生氣是很可怕的」，接下來就讓我們來練習「如何察覺當下的怒氣」。在佛教中有一種科學、客觀的明心見性的方法，即「認清當下的我」（這是佛陀所教授的一種開悟觀想法）。

究竟要如何去察覺怒氣呢？只要一動怒，就要自我觀察到「我在生氣，我在生氣，這是忿怒的情緒」，接著要觀察忿怒的本質，「當下我的心情很不好，這是忿怒的情緒，換句話說，我現在正在生氣當中。」

我們的大腦原本就設有忿怒的程式，再加上我們從未做過不要生氣的練習，因此，稍微一點事情就動怒其實也是難免的。不過，內心一有怒氣，請務必在下一個瞬間立刻加以消除，也就是在發脾氣的瞬間就觀察到「我在生氣、我在生氣」，如此一來，怒氣即會消失。總之，怒氣產生的那一瞬間，是最容易打消的。

體會到怒氣消失後的歡喜感覺之後，接著請你再進一步去感覺那種幸福感。這表示你已經成功控制自己的情緒，所以請你務必好好褒獎自己，讓自己擁有自信，給自己一個高評價，讓自己更有動力去消除下一次的怒氣。

練習第一時間就察覺到怒氣

各位現在已經了解到察覺怒氣的重要性，接下來我要說一個故事，讓大家來練習不動怒。

這是一個早上出門上班搭上一輛擁擠公車的故事。

這輛公車每停一站，就會擠上來一堆新乘客，於是我決定往車子裡面移動身子，此時卻不小心輕輕撞了一下站在身邊的人，那個人恨恨的對我啐了一口，又狠狠的瞪我一眼，然後回推了我一把。

我明明是不小心撞了他一下，他卻故意推我一把，於是我反射性的把他推了回去。

就在這個時候，他對我大聲咆哮：「你在幹什麼！」我更大聲的應戰：「是你在幹什麼！」然後我們在下一站下了車，還緊抓彼此的衣襟不放。站務員見狀過來制止，我們才心不甘情不願的停止這場紛爭。這件事令我忿恨不已，結果上班也遲到了。

當我們自己開始受到忿怒的掌控時，我們就再也無法冷靜思考，而且只會做出冷靜時絕不會做的愚蠢判斷，等到後來心情平靜之後才感到後悔不已。

究竟該怎麼做，才能避免這種憾事發生呢？

首先，我們要試著找出忿怒情緒的源頭。一開始我推到那個人的時候，我應該還沒有生氣，不過，當我更深入去探討當時自己的內心時，其實我對當時車內的擁擠狀況已經感到有點煩躁。

接下來，我不小心撞到了那個人，他立刻向我表達他的忿怒。我原本就對擁擠的公車感到心煩，再加上對方的態度引起我的怒氣，兩者重疊之後，我就反射性的整個脾氣都上來了。

我的忿怒是一步一步增強的，假如我能夠很冷靜的察覺到自己對於擁擠公車感到心煩的話，或許我就不會那麼生氣了。

面對那個人的怒氣時，我又反射性的回以怒氣。如果當時我想熄滅這場怒火的話，其實我只要不發脾氣的對他說對不起，整個事情就告一段落了。

看完這本書之後，如果你又發脾氣的話，那就是你的錯了。又犯錯的話，請你試著採用剛剛所說的方法，冷靜思考整個事情的來龍去脈，並且學習如何不再生氣。其中最大的要領是「在怒火還很小的時候就要察覺到」，也就是說，當怒火還很小的時候就察覺出來的話，即可防止整個火勢的擴大。

為了誰而生氣？

我們經常為了某個人而生氣。

例如，有人會怒氣沖沖抱怨說：「我在趕時間，那個店員找錢卻慢吞吞的，害我沒趕上公車！」

他之所以生氣，是因為他認為店員的慢動作害了他，所以他認為他生氣的原因在於那個店員。

但是，事實果真如此嗎？假如店員找錢的動作很慢，但是他依然順利搭上公車，這時候他會不會生氣呢？

他應該不會生氣吧？還有另一種情況是，他雖然沒有搭上公車，但是很快又來了一輛公車，完全沒有耽誤到他的事情，如果是這樣的話，情況又會如何呢？他應該不會生氣才對吧！

以這個例子而言，他並不是因為店員動作慢而生氣，是因為沒有辦法依照他的希望抵達目的地，才會讓他生氣。

現在你應該知道，忿怒是隨時會在我們心中孳生、也是我們自己所產生出的一種情緒。

訓練自己察覺出微妙的怒氣

前面所説的都是針對已經發生過的事情。一般人最愛説「早知道就應該這麼做」或是「早知道就應該那麼做」，換言之，當一件事情有了結果之後，一般人通常只會放馬後砲的説：「早知道的話，應該這麼做才對！」

例如有人在床上抽煙，結果把整個房子都燒掉了，於是每個人都可以説：「在床上抽煙是不對的。」更聰明的可能就會説：「如果要在床上抽煙，早知道就要坐著抽才不會有問題。」但是，你知道嗎？「早知道就應該這麼做」的這種説法，佛陀是不認同的，正確的做法是「本來就應該這麼做」。

光用腦袋想「早知道就應該不要發脾氣」，這樣是無法治療忿怒之病。如果沒有生病的話當然是很好的，但是，既然已經生病了，就需要治療。假設的説法根本無濟於事。一定有某種方法可以改善這個人人都有的毛病，這個方法就是「察覺怒氣」。

大部分的人都過著循規蹈矩的生活。早上起床，用過早餐就準備出門上班，下班後回到家，洗個澡，吃晚餐，和配偶聊聊天，然後上床睡覺。這是多數人的生活模式，幾乎不太會因為生氣而犯下大錯。就在這種平凡的日子當中，我們更要刻意去訓練如何察覺自己的怒氣。當我們心平氣和的時候，訓練起來會更輕鬆。

例如：早上刷牙時才發現牙膏用完了，打開置物櫃也找不到庫存。一大早忙著準備出門，這件事立刻讓怒氣直衝腦門，原本快樂的心情蕩然無存。脾氣比較不好的人就會對著另一半大呼小叫：「老婆，牙膏都用完了，為什麼妳沒有事先買好呢？快去找找！」這時候，內心的怒火已經爆發了，最後的結果我們無從得知。不過，假如你正要訓練「察覺怒氣」的話，這件事反而會讓你想到「現在就是最佳機會」，然後開始觀察自己的內心。剛剛明明還心情愉悅，現在卻立刻急轉直下變得心情惡劣，其實這就是那個有名的「怒氣」。是的，「我現在就是在生氣」，而且要承認自己正在生氣，只要承認就夠了。接下來不管老婆說什麼或沒有說什麼都無妨，總之，只要這樣就不會再出差錯了。你可能會對老婆說：「妳今天出去買東西時，記得買牙膏。」你想再多說一點也沒有關係。總之，沒有人說刷牙一定要用牙膏，你也可以嘗試不同的方法，例如，「光用牙刷就可以把牙齒刷乾淨了」或是「用鹽刷牙具有殺菌效果」。

準備出門前，你可能在選領帶、打領帶或是檢查公事包的時候，心裡面有一種微妙的不悅。搭公車時、走在街上時或是上班時，有時候可能也會出現微妙的不悅。每次出現這種情況時，請你務必很老實的告訴自己「這就是怒氣」。這就是察覺怒氣的訓練方式。這種微乎其微毫無惡意的怒氣是最容易被忽略的，卻也經常因為這樣而引起大麻煩。所以，請你務必試著去發現這種隨時隨地都可能出現的微小怒氣，將會令你的生活更加有趣。不僅如此，只要你開始嘗試這麼做的話，你的人生將不會再因為大發雷霆而造成麻煩事。並且請你務必牢牢記住，這個訓練方法就是「察覺自己的怒氣」。

「說出意見」和「生氣」之間有何不同？

很多人認為，「每個人都應該明確說出自己的意見」，日本人在被詢問意見時，往往只會語意不清、含混其詞。不過，現在大家都知道說出自己意見的重要性，所以越來越多人懂得堅持己見。

在這樣的潮流中，有些人為了更強調自己的意見，以至劍拔弩張的強推自己的想法，這些人的想法是「就算是生氣，也必須強烈堅持自己的意見」。

但是，即使是想要糾正對方的錯誤想法，採取嚴厲說詞或是採用忿怒方式，兩者是截然不同的。一旦生氣就代表你輸了。就算「不發脾氣」，也不需要縮小自己而鞠躬哈腰；但是一旦生氣，你就和「正氣凜然」完全搭不上邊了。

在職場上，如果合作廠商沒有把該做的事情做好的話，你就必須對廠商明確表達意見。但是如果認為一定要對廠商咆哮怒吼，才能讓對方聽懂的話，情況又會怎樣呢？此舉只會讓負責的廠商慌亂的處理事情，並且經常膽戰心驚、深怕出錯。

深入探討自己生氣的理由，是因為你認為「既然已經簽契約，廠商應該會如期完成」，沒想到負責的廠商卻沒有達到你的期望，才會令你生氣。其實，這種期望都是你自行預測的。然而，你的忿怒並不保證所有事情就能夠順利達成，甚至可能因為你的動怒，令廠商對你心生畏懼，經過一段時日之後選擇逃避一途。所以，你生氣，可能只是在當下獲得改善，長久來看卻會造成不好的結果。

我們不應該遇到事情就生氣，而是應該先考慮到解決的辦法。只有冷靜思考，向廠商提出問題，才能夠得到對方信任，也才能長久維持互信關係。換言之，唯有不動怒生氣，才能夠明確提出正確的指示。也唯有憑著不動怒的大腦來判斷，才能夠根據正確的理論來訂立計劃。

「不動怒的大腦」可以做到哪些事情呢？首先就是懂得事前做一番周詳的考慮，事先就冷靜考慮到：「雖然已經簽約了，還是很有可能發生不可預期的意外」，於是就會先做好各種防範措施，這些都是在動怒生氣時無法辦到的。一旦對方沒有把事情辦妥，就可以採取解決方案，換句話說，就是事先做好以防萬一的準備，一有情況發生即可立刻採取行動。

「說出意見」、「光明正大採取行動」和「動怒生氣」是完全不同的態度。「動怒生氣」絕對無法向對方正確表達自己的意見。因此，需要說出自己的意見時，千萬不要生氣，而是要以冷靜沉著的態度陳述自己的意見，才能發揮效果。

用「詞彙」來表達想要表達的事情

活在世上，往往有很多時候必須運用「詞彙」向別人傳達自己的意見。「詞彙」一詞，就是用來向他人傳達自己的意見。早上起床到晚上睡覺，我們的嘴巴經常説個不停，由嘴巴説出來的詞彙，主要是向別人表達自己的意見或是心情的陳述。許多人會覺得向別人明確説出自己的意見似乎很難，但是我們還是會説個不停，甚至多嘴到令人厭煩的程度。然而很多人似乎都沒有察覺到，「説話就是在跟對方傳達自己的意見和心情」，而且我們也必須了解到，説話就是彼此在交換意見；即使是一句「早安」，也是在意見交換，更是心情的交換。

只要活在世上，就必須「跟別人交換意見與心情」，但是，並不是每個人都能言善道，説錯話是常有的事，偶爾又可能會生氣動怒。假如你能言善道又舌燦蓮花，這應該是一件值得慶幸的事，但是對多數人而言很難做到這種程度。其實也不見得一定要練就能言善道的功夫，不過，有些話的確説不得，所以，希望大家能夠盡量不出錯。

這個問題並不是兩、三分鐘就能夠解決，需要一番訓練，不過也不致於是很嚴格的訓練。第一個要領就是「徹底了解」；也就是徹底了解「詞彙」和「説話」之間的關係。答案很簡單，就是當我們有某種心情或某種想法想要告訴別人時，就必須依賴「詞彙」來表達。這件事明明很簡單，但出人意表的是多數人都忽略這件事。想要利用「詞彙」向別人表達自己的心情和意見，對方卻一直聽不懂，就表示你可能哪裡出錯了。尤其被人誤會的話，更表示你犯了大錯。假如你說話的主題無法引起對方的注意，表示對方並不想要了解你的說話內容，所以責任也是在你身上。只要多注意這些問題，自然而然就能變成說話高手。

以下將會介紹幾種幫你更容易表達意見的訣竅。你想要傳達給對方的是你的心情嗎？你的想法嗎？或是包含個人情緒在內的想法呢？在說話之前，就必須先確認心情和想法之間的優先順序，接著再選擇手段去實行，方法就是如此簡單。

如果想要傳達的是自己的心情，不懂要領的人可能只會任憑自己的情緒不斷擴大，這種方法只會令你出錯，重要的是要懂得很率直的表達自己的情緒。當你生氣時，就只要說「我現在很生氣」，例如對孩子說：「我現在正在生氣」、「你一直打電動，媽媽很生氣」，也就是說，應該盡量使用「我」這個主詞，代表由自己負責說這句話。千萬不要空泛的說「奶油蛋糕是世上最美味的食物」，不如換成「我最喜歡奶油蛋糕，奶油蛋糕是我的最愛」，這種說法就是很好的溝通方式。總之，只要使用主詞，就可以很直截了當又明確的表達自己的心情。

內心產生怒氣時，如果任憑怒氣爆炸，一般人都會大聲咆哮、怒罵或隨手亂摔東西，如此一來，周遭的人當然會發覺你在生氣。但是這種作法並不屬於正確的溝通方式，反而可能受到別人指責、受到攻擊或被別人唾棄。一旦被別人認為「這個人簡直是白癡，生氣令他瘋了，根本沒有辦法和這種人冷靜對談，最好離他遠一點」，果真這樣的話，恐怕將會得不償失。如果一開始就開門見山的說「我現在非常生氣」，反而還可能讓整件事有個 happy ending。

表達自己的意見或想法時，所要使用的手段又不同於此。這時候就必須根據對手來選擇適當的手段。假設自己是處於命令者的立場，例如媽媽和孩子之間的關係，媽媽可以對孩子說：「從現在到八點，你去寫功課，然後再去洗澡！」聽到媽媽的命令之後，孩子可能會持相反意見而吵鬧不休。這時候媽媽會接著說：「你不可以堅持己見，你只能照我的話去做，不然你會惹媽媽生氣！」也就是以這種口氣把自己的想法強烈烙印在孩子的腦中。有時候也可能出現孩子命令媽媽的情況，只是因為媽媽是長輩，孩子的說話方式自然就有所不同，例如孩子會說：「媽咪，幫我買這本漫畫好不好？」總之，人與人之間的關係是因人而異，因此在表達自己的意見時，通常也必須配合彼此間的關係再考慮手段，沒有辦法在此一一詳細介紹。

接下來要介紹的是在公司開會的例子。開會時，每個人都必須各自說出意見。拙於表達意見的人通常又會強烈希望別人同意他所提的意見，更有趣的是，提出平淡無奇創意的人更希望能夠獲得別人的認同；創意好的人則會顯出冷漠的態度。假設參與這場會議的有十二個人，提出十二種意見，那麼，你的意見就只是其中的十二分之一。你的意見一定會被接受嗎？當然不太可能，甚至其他十一種意見都可能和你唱反調。贊成一票，反對十一票，如果你還認為這樣的結果可以讓你的提議通過的話，恐怕你就是傻瓜了。

即使處在這種情況下，你還是應該說：「我個人的意見是……」，也就是你必須使用「主詞」來表達對別人的尊敬，最後還要說：「不知道各位有什麼看法呢？如果我有錯的話，請各位多多指教！」這樣的說法就是很完美的結束，而且也很簡單。

和別人交談時，不應該一味堅持自己主張，但是，負責任的說出自己意見則屬理性的做法。因此，應該盡量採用「我」這個主詞來表達意見，例如，「我個人的意見是……」、「我個人的想法是……」、「根據我的了解……」、「根據我收到的消息……」，這些都是談話不可或缺的要素，請務必謹記在心。即使是天馬行空、支離破碎的想法，也可以順利的跟對方說出來，前提是你要先說：「……這是我天馬行空的妄想」或是「我有個天馬行空的想法……」，此話一出，必會吸引對方豎耳傾聽。

接下來我要說一個比較不一樣的例子。假設有一個人說：「我真想殺了那小子！」這句話一定讓人感覺很不舒服。但是，如果這個人是很直率的表達他當時的心情說：「我現在的心情是很想殺了他！」這種表達方式就會讓身邊的人比較冷靜下來，而且也比較能了解他的心情。

總之，陳述意見時，千萬別摻雜自己的情緒，因為你不是專門騙人的政客。選舉時，能言善道的政客向執政者陳述意見時，通常會摻雜自己的情緒，執政者往往會屈服於這種情緒。所謂「說氣話」，指的是陳述意見時摻雜了情緒，一旦讓情緒走在前頭，就無法正確傳遞自己的意見，聽者也會產生情緒反應，因而失去理性；就算你提出的意見再好，也無法讓對方完全了解。如果要陳述的是自己的情緒，則只要直截了當說出來就可以了。

如果你要表達的意見摻雜有情緒的話，又可以分為兩種情形。第一種是心情比意見重要的話，就要先說出心情，再說出理由。例如：「我很喜歡你，因為你說話很有趣」。第二種是意見比較重要的話，就要先說理由，再說出心情。例如：「你說話很有趣，所以我很喜歡你」。

你千萬不要認為說話既複雜又麻煩，我們每個人都必須跟別人說話，跟人說話也有一些必須遵守的規則，並不是隨便開口說說就可以，因此，請務必遵守說話的規則。前面也一再談到，說話時摻雜個人情緒是很危險的，只有在文學創作領域中才不受這種限制。

生氣時絕對不要隨便說氣話，應該要很負責任而且很直率的告訴別人「我現在正在生氣」。小孩子說話時，通常會把情緒和意見混雜在一起，有時候也讓人搞不懂他在說什麼，看起來卻很可愛。但是大人就不可以做出如此幼稚的行為，不僅不可愛，甚至還讓人感覺不舒服。

Chapter 05

忿怒是由虛妄的「自我」發展而來

只要察覺到「自我」，怒氣就會消失

生氣的原因在於「自我」

在《佛陀教你不生氣》一書中曾經提到，我們都是因為「自我」而讓怒氣無限制的發展下去。

所謂「自我」，就是在任何時候都想到「我」，例如，「我是〇〇」、「我想做……」、「我不想做……」、「我認為……」。執著於自己的頭銜、自尊或自己的想法，才是動怒的最大因素。

佛教則認為這種「自我」屬於虛妄的，「自我」根本不存在，至於其中的道理就必須遠溯到生命的起源了。

「自我」的誕生機制

我們一邊參照《佛陀教你不生氣》書中的內容，同時試著藉由對感覺的反應的這一面來歸納「自我」的產生機制。

每個人都有各種感覺。即「看」、「聽」、「聞」、「嚐」、「碰觸」、「心思」等六項機能※。在前面5項「看」、「聽」、「聞」、「嚐」、「碰觸」等「用身體去感覺」之後，緊接著會進一步「用心去思考」。

例如出現某種聲音時，我們的耳朵立刻會有所感覺而聽到聲音。緊接著大腦便會分辨出「所聽到的是這個聲音」。大腦的思考與分辨通常都是在感覺之後。

問題就在於當大腦在做分辨時，都會加入一個「我」字進去，而變成「我聽到了」。同樣的，在「看」、「聽」、「聞」、「嚐」、「碰觸」等的過程裡，都會如同「我看到了」、「我聽到了」一般，加入一個「我」字進去。

然而，這個「我」字只不過是一個概念，這裡的「我」並非永恆不變的東西。

例如，鼻子聞到花的香味時，會在感覺上加入「我」字，而變成「我感覺很舒服」。相同的，聞到腐壞垃圾的臭味時，也會在感覺上加入「我」字，而變成「我感覺很不舒服」。像這樣，因為味道的不同，「我」的內容也會隨之改變。「我感覺很舒服」、「我感覺很不舒服」雖然只是一般的情緒，但那個感覺卻會在瞬間產生變化，所以，我們應該從未體會過完完全全相同的一種感覺。

※此六項即佛教所說的「六識」（眼識、耳識、鼻識、舌識、身識、意識）。

畢竟，「我」字不過就是分分秒秒一直在變化的一種不確定感覺的概念罷了。

「抱怨」是自找的

我們對於這種忽生忽滅的無數感覺，總會添加上一個「我」，且堅信「我是確定存在的」，其實，這些不過都只是一種錯覺而已。

例如，有人對我抱怨時，我便會感覺不舒服或感到生氣，這是因為有個自我的緣故。換句話說，就是因為「我」想要從「我」的立場，來處理那個自己不喜歡聽的抱怨訊息。人一旦有個自我後，便無法冷靜、理性的、客觀的來處理訊息。

小心「自我」所做的隨意判斷

「我」這個錯覺一直在我們心中根深柢固，然而我們並不清楚這個「我」究竟是何物？它是一種曖昧的情感。以聽覺為例，通常會出現「我想聽」跟「我不想聽」兩種情形，但究竟想要聽到什麼或是不想聽到什麼則不是很清楚，那就是曖昧。我們就是以這樣的心態來聽聲音，聽覺也因此產生，然後心便想要來區分判斷聽覺所聽到的聲音，判斷那是「我想聽到的聲音」或「我不想聽到的聲音」。

假設判斷的結果是「我不想聽到的聲音」，此時內心就會立刻浮現出厭惡的反應，而這一項判斷絕對不是基於客觀、具體的事實所做的。說明白一點，這一項判斷應該是基於「自我情緒」所做的結果。如果每當聽到同樣形態聲音便會產生厭煩情緒的話，或許就可以說那是一種具體的判斷。然而，事實並非如此。因為聽到同樣形態的聲音，我們的內心可能會浮現出感興趣、毫不關心、厭惡……等多種不同的情緒。這是由於我們的自我錯覺，總會主觀的、隨心所欲的加以區分判斷，內心便因此浮現了歡喜、厭惡、無趣等情緒。我們的人生就像這樣被自我這個錯覺所完全操縱、左右，導致自己無法做好自我情緒的管理。

當我把聽到的聲音判斷為「這是在抱怨」時，只要再進一步追根究底，就會發現那只不過是「別人的聲音」罷了，而且是「自我」把進入到耳朵的聲音認為是「在抱怨」。我們無法管理進入耳朵裡的聲音，卻總是以「我」這個自我意識來聽聲音，並判斷為「這是在抱怨」，於是內心便浮現出厭惡的情緒，認為「為什麼他要說這樣的話」，因而產生忿怒的情緒。

自己無法掌控不斷變化的感覺

事實上所謂的「我」就宛如川流不息的流水一般。請先想像一條離你最近的河川，就舉「多摩川」※為例好了，河川名字雖然叫多摩川，但河川裡的水卻每一瞬間都不一樣，也就是河川裡分分秒秒一直流著不一樣的水。

時時刻刻不斷在「我」這個錯覺裡流動的是「感覺」。冷的時候，「冷」的感覺就如流水般在這個我裡頭流動；熱的時候，熱的感覺就在這個我裡頭流動。

像這樣，如果真有一個確實的「自我」存在的話，由於這個「我」是由感覺所創造出來的，所以，應該就會想要有什麼感覺就會出現什麼感覺。然而，當我們實際上接觸到冷的東西時就會感覺到冷，碰到熱的東西時就會覺得熱，這是理所當然的。因為不斷變化、流動的感覺根本是自我所無法管控的。

總之，我們無法每件事情都心想事成，想必你也應該發現到「凡事皆無法心想事成」本來就是「理所當然」的！

※日本的一條河川。

「自我」的外殼和「他人」的外殼

一旦被這個「我」所束縛住而形成「自我」的概念之後，將會如何呢？

有了「自我」的概念之後，就會相對產生「他人」的概念。一個人若執著於「自我」，而將「自我」這個外殼加以強化，在此同時，「他人」這個外殼也同樣會相對強化。如此一來，任何人都只會對自己的事感興趣，強調凡事必須符合自己的方便。而「別人」也同樣會強調凡事必須符合他自己的方便。最後，自我與他人的目標必然有所相左，於是彼此互不相讓，甚至進一步形成對峙。如此下去，彼此終將無法達到「和睦共處」。

「期待」常是動怒的源頭

對別人生氣，其實在另一面是潛藏著對別人的某種期待，有時則可能是自以為是的認為「不用說都應該知道」、「連白癡都知道」。總之，我們常會因為執著這個「自我」的錯覺而生氣。

一旦執著這個「自我」，任何人就會有自己的想法，例如：「我覺得怎樣、怎樣」、「我認為如何、如何」，進而總是期待別人能夠明白「我的感受跟想法」。

《佛陀教你不生氣》裡頭曾說過，當人們的期待無法達成時，內心便會升起一股怒火，其實這屬於一種「無知」。即使「我」這個感覺並不明確，一旦自認為我的期待比任何東西都重要時，「我」這個妄念還是會被無限放大。

有一位太太對先生非常不滿，主要的原因是「我先生都不肯幫忙做家事」，她經常為這件事心煩不已。

在她生氣的背後，潛藏著「先生應該幫忙做家事」的期待，由於她認為幫忙做家事是理所當然的，一旦先生不幫忙，她便會不自主的生氣。畢竟，她的內心有著一種「對方（她的先生）應該符合她的要求」的期望，當此一期望無法達成時，她自然就生氣動怒。

然而，「先生應該幫忙做家事」這件事，其實只是她個人單方面的想法，無法達到自己的期望本是理所當然的。因此，她首先應該學習放棄的是個人這種單方面的期望。

然後，如果真希望先生幫忙做家事的話，雙方應該靜下心來做溝通，把自己的希望告訴先生。此時，應該完全捨棄掉「先生應該幫忙做家事」的想法。這種事完全無關道德也無關常識，只要自己能理解到這是一種固執己見即可。對自我都無法做好管理，經常輕易動怒，更不用談對別人的管理。如果能夠不再堅持「自我」的對先生說：「如果你能夠幫忙做家事的話，將會對我大有助益，可不可以請你幫忙一下呢？」當你的「自我」消失不見的當下，你將會發現那股存在心中的怒氣早就消失一半以上了。

對於其他家人的怒氣其實也和這個完全一樣。當你抱怨說「我老婆總是對我兇巴巴」，主要是因為你內心期盼著「老婆必須對我溫柔體貼」；父母叮嚀孩子要努力用功卻令孩子感覺心煩，是因為孩子期盼著「爸媽應該了解我已經很用功了」。父母對於孩子不聽話感覺不滿時，主要是因為父母期盼著「我的孩子應該了解爸媽的心情才對」。正因為有期待，才會輕易轉化為怒氣。然而，「期待」本來就是一廂情願的想法，並不是光有「期待」就能夠事事順心如意。

就算是自己的孩子，其實也是「他人」，任何事情都必須設法用最簡單易懂的詞彙來解釋，否則就難以溝通。如果你對丈夫、妻子、父母或孩子發脾氣的話，其實原因並不在對方，而是你對對方有所期待，卻因為事情沒有達到你的期待，才會令你生氣動怒。歸根究底的話，一切都是你自己造成的。

對期待抱持正確的觀念

每個人都期待自己的孩子能夠成功，這當然也是一件好事，「期待」看似一件好的事情，卻也是一種「假象」。在期待他人的背後，其實也把「自我」正當化，裡面隱藏的是「自我」。表面上似乎是為了別人好，裡面卻是自己的期待，一切都是為了自己的「自我」，是自己的任性，因此有時候反而會造成別人的困擾。

母親一心期盼孩子努力用功獲得好成績，這是母親的心情與情緒，一旦孩子的成績優秀，母親就感到欣慰，並且覺得自己教養孩子非常成功，內心感覺幸福。於是在不知不覺之間就會勉強孩子努力用功，甚至可能在一再要求之下侵害到孩子的人權也不自知。再者，盼望先生能夠升官發財、先生的公司業績蒸蒸日上、國內經濟指數不斷攀升、天下太平……，這些心情皆屬「期待」。然而，這些期待皆屬「假象」，不論哪一種期待，都和「利我」、「自我」糾纏在一起，若要心想事成，往往需要隱匿某些真相才能利益自我。生而為人，就會有期待，其實這也是難免的，但是，一切都要適可而止，千萬不要為了達成期盼而得寸進尺。

請你務必了解的是，期待的心理一定有「自我」潛藏其中，而且一定要徹底了解這一點，千萬不要自以為了不起的說：「我純粹是為了他好，從來沒有考慮到自己」，這句話是偽善的詞彙。

由以下的例子就可以明白其中道理。中東國家的內戰頻仍，日本人則沒有內戰問題，儘管如此，多數日本人還是希望中東國家能夠早日恢復和平。但是如果跟別人說這是自己最大的期盼而且毫無所求，恐怕容易遭人訕笑。因此，最好能直接的加入自己與此事件的關係，例如，不妨說「我不喜歡看著人類互相殘害，會令我有椎心之痛。如果人類能夠和平相處，將是我此生最樂見的，我實在無法忍受任何戰爭」，也就是說，在說話當中適時把自己加進去，將會變得更強而有力，應該就不會受到嘲笑。總之，這個期待是加入了「自我」。

以佛學而言，生活中「無所求」是最高的理想，但是這對一般人而言卻很難做到。唯有已經達到解脫的聖人才可能過著「無所求」的生活。對於無所求的悟道者而言，他之所以活著，是因為他不忍心看到眾生受苦。

罹患慢性疾病時，我們就應該學習如何與慢性病和平相處，因此，我們也要學習如何和「期待」和平相處。我認為有以下幾種方法。

①避免過度強調自己的心情（自我）

例如，你可以跟孩子說「只要你成績優秀，將是媽媽最快樂的事」，這麼說是ＯＫ的，但是如果跟孩子說「你一定要考出好成績，考出爛成績的話，我絕對不允許」，這麼說就不好，因為太過度強調「自我」了。「希望老公升官。因為家中經濟跟著會變好。」這樣的「期待」是好的，若因此對老公說「你再不升官的話，我就跟你分手，跟你離婚」，這樣就不好，太過度強調「自我」了。

②期待無法達成時，就要懂得諒解

一件事的「結果」是由各種不同原因組合而成，光憑「期待」是無法達成的，就以考出好成績為例，首先需要孩子有一顆上進心努力用功，還要有多位可以把孩子教懂的老師，也要有可以一起學習的好伙伴，而且孩子還需要有健健康康的身體。每當孩子努力用功時，他的頭腦就會期待有一個好的反饋，最重要的是孩子需要有能力，具備上述各種條件之後，自然而然就會出現結果。在這些原因當中，有些必須靠自己，也有一些是自己無法掌控的原因，有些原因則是經過掌控之後就可以改善（例如一發現老師素質不佳，就幫孩子轉學）。

由此可知，懷抱期待是個人自由，至於期待是否能夠達成，則不是可以掌控的。

③「願望」又分為可以達成和不能達成兩種

願望無法達成時，通常令人感覺不舒服，因此，我們應該設定可以達成的願望，並且努力不懈，如此一來將會更輕鬆自在。再者，盡量減少難以達成的願望之後，人生也會變得輕安自在，因為剩下來的願望都是自己可以掌控的。

④朝自己的願望努力不懈、精進不已

只要能夠達到這種境界，就擁有圓滿人生，最好的辦法就是抱持「好的願望」。願望達成時，自己會感覺幸福，身邊的人也會感覺幸福，這種願望就不會造成別人困擾。自己可以達成願望的話，既不會讓任何人受損，也不會傷害到別人，這種願望就是好的願望。重點是必須先知道自己的願望是屬於哪一種。

了解「任何事都不需要生氣」

人們相信「自我」已經到病態的程度，因此，每個人都應該拋棄掉「我」這個概念。而且只要充分了解「自我」的結構，自然就不會再隨便對別人抱持期待。因為連自己的感覺都難以掌控，當然就更難掌握別人的感覺。只要了解這一點，就不會再隨便期待他人，也不會因為沒有獲得相對回報而忿怒。

如此一來也會慢慢產生不同的看法，也就是懂得感恩別人。換言之，只要了解「自我」的結構，就會發現到人人皆自我，但是身邊的人卻仍然處處配合我們。

如此一來，原本對別人感到不滿的我們，應該就會了解到「其實每個人都有任性之處，但是他們還是願意配合我」。再加上如果腦筋夠清楚知道「自我是一種錯覺」的話，就會明白每個人其實根本不需要動怒生氣或虛張聲勢。

只要不被「自我」牽著鼻子走，自然就會對於幫助我們的人產生誠摯的謝意，感謝之心一再累積之後，就會成就我們的幸福。在這個世上，存在許多形式上的感謝，然而這種形式上的感謝卻毫無意義可言。唯有先察覺到「自我」是一種錯覺，才能夠產生發自內心的真誠感謝。

發自內心的感謝

感謝堪稱是化解忿怒的解藥。其實「感謝」一詞在日本社會很常見，許多人經常口說感謝，甚至在宗教界也強力推薦人人應該心存感恩。

但是，請你務必注意的是「並不是大家都口說謝謝，我們就『應該』有樣學樣」。一般人口說感謝時的心情應該是每個人都一樣，絲毫不懂心存感謝的人其實也很少見，就算有的話，這種人應該算得上是殘酷的壞人。但是，請大家反躬自省，我們又是怎樣一個人呢？我們平常應該都會說一些謝謝的詞句，然而也只能算是一種社會禮儀而已，其實在我們內心隨時都可能和忿怒呈現對立狀態。假如說「感謝」是忿怒的解毒劑之一，只要我們的感謝是發自內心的話，世上就應該沒什麼可以令人狂怒的事情了。

純粹發自內心的感謝絕對不屬於文化上、宗教上或含有神秘意味，文化上的感謝只能算是一種人性的禮儀；口頭禪一般的口說「謝謝」，只不過是一種單純的禮儀，對於心理層面並沒有任何影響。

宗教方面的感謝則主要是針對萬能的神祇表達謝意，如果一切事情都很順利，當然會真心真意感謝神。但是，人生不如意事十常八九，一旦衰運連連，又該如何真心誠意感謝神呢？就算是一個極端虔誠的信徒，也絕對不會跟他的神說：「神啊！我的獨生子罹患白血病正在受苦中，接受治療也毫無起色，實在很感謝祢！」正常人應該都會說：「求求祢，請祢一定要讓我的兒子病情好轉！」信仰虔誠者向神表達謝意是理所當然的，但是，我們似乎也必須考慮到，這種感謝究竟對你的心理層面有何影響？其實就算是向神表達謝意，也無法保證一定可以消除你內心的怒氣。

一直以來，國人不太流行絕對神祇的信仰，不過卻經常在嘴巴上說「感謝神」或「感謝老天」，從心理層面來探討的話，不論是「感謝神」或「感謝老天」，在某種程度上是相近的，也就是感謝「謎樣的神秘者的庇佑」，這種心情對於我們內心層面的影響並不大。

佛教所推的「感恩之心」則必須是非常明確且具體的對象。當我們圍坐餐桌正要吃晚餐之前，習慣會說「開動」，這只是日本人特有的習慣罷了，每個人在意的只在於「吃」這件事。下次開飯前，不妨改口說：「謝謝媽媽為我們做這麼豐盛的晚餐，謝謝爸爸每天為我們辛苦工作」，或許這麼說會令你感到不好意思，不過，這才是真正的重點，只要試過一次，爸媽的內心就會奇蹟似的充滿幸福感覺，孩子也會感覺到幸福滿滿；心病也會因此而得到化解，更不會生氣動怒。這種習慣將會慢慢在生活中延伸，只要受到別人幫助，自然而然就會發自內心向對方表達謝意。最後也會了解到每個國人都很認真工作和生活，自己也很幸福的生活在其中，並因此而對所有的人心存感謝。

電車已經成為日本人的主要交通工具，每個人也把搭電車視為家常便飯。日本電車堪稱全世界最安全也最準時。對於其他國家而言，這並不是常理，但是日本人卻認為這是很正常的。不過，請你仔細想一想電車工作人員的辛苦，他們每個人都必須在每個工作崗位兢兢業業，即使電車只遲到一、兩分鐘，列車長就必須出面道歉。

在平淡無奇的生活當中，我們應該要重新思考、仔細觀察，並且了解到我們之所以能夠平安順利，其實是因為有很多人在工作崗位上努力不懈，我們自然而然就會產生感謝之心，心情自然輕安自在，心病也會消失，怒氣當然就無從產生。因此，佛教推薦的並不是「心不在焉的感謝」，而是經過充分了解之後真心誠意的感謝。

Chapter 06

充分了解道德的真正意義

對於「相互禮讓」、「體貼」需要有更正確的解釋

想了解道德，需要靠智慧

懂得正確處理忿怒，又能夠察覺到自我是一種錯覺，同時也懂得對身邊的人心存感謝之後，接著，就讓我們來考慮「道德」這方面的事。

我們的社會經常談到道德的重要性，但是，在《佛陀教你不生氣》這本書當中則提到，人世間的道德只是徒具形式而已。佛陀對於這種徒具形式的道德是抱持否定的態度，因為徒具形式的道德是行不通的。

只做表面功夫是無法真正遠離忿怒。學校老師、媒體或社會上經常說「要做一個不說謊的人」，但是在現實社會中，說謊的情況並未減少，甚至有些不說謊的人還比較可能吃虧。在這種情況下，許多人累積更多壓力，不久之後整個怒氣會爆發。

在《佛陀教你不生氣》這本書中曾經提到「真正的道德並不是由形式主義產生」，這本書也告訴我們，真正的道德必須先察覺到「自我是一種錯覺」，由此培育出來的智慧才能夠真正了解所謂的「道德」。

一旦了解「自我是一種錯覺」，就更可以由真理這方面來理解各種事物。不論看到任何東西，都會理解「每個人都是因為自我的錯覺所產生的矛盾而受苦」。只要能夠到達這種程度，就算父母、先生或妻子忙到說起話來有點傷人時，你也不會因為受到言語刺激而生氣，反而會認為「這個人一定是忙壞了，才會對我出氣，我應該要體諒他」，甚至想要安慰對方。真正的道德是自然而然就懂得體貼別人、不口出惡言等等的善言善行，而且也不容易動怒生氣。

真正的道德是避免動怒

道德居然和動怒有關係，這一點或許讓你有些想不通。包括佛教在內的各種宗教，都在告訴人們各種有道德心的生活方式，也就是教導人們哪些事情不該做，哪些事情要盡量做。

宗教是利用信仰的力量，由上而下命令式的教導人們要遵守道德規範，佛教則是告訴人們如何有智慧的過著正確的生活。佛陀發現到正確的生活方式，並不以由上而下的命令方式來教化人。例如，「生病就要去看醫生」，這句話並不是上對下發佈的命令，而是告訴你一旦生病就要去看醫生，換句話說是教你一個正確的做法。父母可以對孩子說這句話，孩子也可以對父母說這句話，佛教所說的道德就是這類的事情。

佛教所說的道德，其實是讓內心不會感染到三毒「貪、瞋、癡」的一種生活方式。若要貫上「醫療」名詞的話，佛教的道德稱得上是「預防醫學」，只要能夠消除三毒「貪、瞋、癡」，根本就不需要「預防治療」了。消除三毒的方法則是「觀想」。倘若不採用道德做為「預防治療」，因為三毒（貪瞋癡）而發病的例子將會劇增。由此可知，不守道德是生氣動怒的原因。

不論是有信仰的人或是無神論者，都承認道德是不可或缺的。儘管如此，人世間的道德通常還是流於形式上的道德。無神論者認為為了維持社會秩序，道德是必要的；有宗教信仰者則在開山祖師、神明或預言家的開示下，也認為道德是必要的。因此，人們根本不去詳細探討道德與內心的關係，反而只是流於形式而已。

犯罪或違反道德規範其實都是因為「心念」所造成，我們的手或腳並不會打人或殺人，是因為我們的內心產生想要打人或殺人的「意念」，身體才會配合意念去發出動作。如果沒有了解到這一點的話，道德將只是徒具形式的道德。為什麼我會這麼說呢？我不認為每個人隨時想要破壞道德，而是偶爾會破壞道德，而且絕大多數的人在盡可能的範圍內都不想破壞道德。卻因為他們不了解人心和道德的關係，人格自然無法提升，也無法管理忿怒。

再者，很多人根本不管是不是真的不道德，卻總愛高談闊論道德觀念然後就撒手不管，此舉不僅無法吸引人，也可能造成大問題，而且製造這個問題的就是那些很愛高談闊論道德觀念的人。我們從小就受到各種教養，也就在那時候被灌輸道德觀念，主要是因為大人認為「應該要這樣教育孩子」，卻從來沒有考慮到孩子的心情。此外，孩子認為「自己本來就應該受到父母疼愛」，而且這種心情一直以來都很難矯正過來。因此，孩子就會一直期待父母陪他玩，不喜歡爸媽說「不行」或「不可以」。然而，「不行」或「不可以」是道德規範常常用到的詞彙，於是很可能讓孩子對此產生扭曲的看法：「大人都可以做，我卻不行，這一點實在說不通」。例如：全家人出外旅遊，爸爸開車，孩子坐在後座，如果孩子的道德觀念正確，就絕對不會說：「爸爸，我來開車！」因為他知道大人可以開車，小孩子不可以開車的道理。

教人遵守道德的第一條定律，就是自己要遵守，也就是自己已經有過相同的經驗。如果只是嘴巴說「你不可說謊」，簡直就是一句廢話，只會引來嘲笑或受到嫌惡。如果父親對孩子說：「我絕對不會說謊，因為只要說過一次謊，就沒有人會相信我。不說謊，才會受到別人的信賴。」這樣的說詞才會讓孩子認真去思考。

明明知道破壞道德是不對的，但是為什麼還是偶爾想要破壞呢？其中的原因就是「自我」。我來舉一個非常簡單易懂的例子。有一個孩子在書店找到一本他很喜愛的漫畫書，但是身上沒有帶錢。當他強烈想擁有這本書的時候，他的內心就會出現偷竊的欲望（至於會不會形成犯罪行為則另當別論）。一到青春期，有的孩子為了向同伴表示自己已經長大，就動手去偷，這當中的原因也是在於「自我」，因為這孩子誤以為只要偷竊成功，「自我」就會受肯定。搞婚外情的大人也是這種情況，實在太愛對方才會搞出婚外情；把公款佔為己有的人則是把自己的需要視為優先，才會盜領公款。總之，都是因為自我過度膨脹才會破壞道德規範。

努力想要平息怒氣的人，道德將是他最得力的助手。道德不應該只是光說不練的形式主義，而是我們平常已經在做的事，就算現在要特別去做也沒有效用。我們是為了調教自己的心情而遵守道德。例如：當你在和別人交談中，已經開始感到厭煩時，就會慢慢不想答話，也開始出現負面情緒，甚至會向對方說出不該說的話。當你處在類似的情況時，之所以還能遵守道德規範，主要是因為即使心情很惡劣，自己還是謹守做人的基本品格。其實只要這樣就綽綽有餘了。當怒氣悄悄升起時，只要沒有「口出惡言」做為燃料的話，怒氣自會消失。

道德規範涵蓋整個人生，包含有走路方式、說話方式、坐姿、吃飯姿勢等等，到別人家裡拜訪時，也有一定的禮儀標準。因此，不論在任何場合，只要行為規矩皆能謹守道德規範的話，自然可以輕易打敗「動怒」，更可以提升自己的人格。「道德」一詞，指的就是不受到他人批評的生活方式，因此，絕對不是壞事。

懂得「相互禮讓」

多數日本人都知道「禮讓」是很重要的一件事。

有一位外國人曾經說過有關日本人的故事。

「日本人真的很講究禮儀。搭電車時，一定會等下車的人全部下車之後，上車的人才會依序上車。在我們國家，上車和下車的人是同時擠在門口，所以車門周圍一片混亂，叫罵聲一片嘈雜。」

對日本人而言，搭車時「先下車後上車」是理所當然的，日本人也知道這樣才能有效率的上下車，所以才會規範出這一套搭車禮儀。

反之，如果每個人都認為「我才不要禮讓別人」或是「禮讓別人會讓自己遭受損失」，也就是大家都只考慮到自己的方便，上下車就會造成一片大混亂，也讓眾人陷入不幸狀態。

由此可知，「禮讓」被視為大家都必須遵守的社會規範，但是，你知道什麼叫做「禮讓」嗎？

只要有相互禮讓的心情，似乎就能遠離生氣動怒。但是，凡事都相互忍讓，社會就會一片祥和嗎？例如：原本大家都很守規矩排隊上車，卻有一個人插隊想要擠上去，假如有人對他說「請你先上車」的話，其他守規矩排隊的人一定無法接受。

由此例可以了解到，就算我們知道「禮讓」是一件好事，卻也不是一件很簡單的事。因此，我們需要審慎考慮到「禮讓」的真諦。

所謂「禮讓」，是理性且自然的生活方式

我們也不需要把「禮讓」一事看得太嚴重。人們不懂禮讓，容易讓人生氣，但是如果隨時隨地都禮讓別人的話，也不見得會到處受人歡迎，甚至可能會受到嫌惡。究竟誰先誰後其實是視各種情況而不同，如果不懂得拿捏，一味「禮讓」有時也會造成別人的困擾。

就以家人的優先順序為例，其實是依情況而有不同，有時應該是媽媽優先，有時是爸爸優先，有時則又是該由孩子優先，千萬不要破壞該有的順序，全家人才能夠不矯情的生活在一起。最好不要太相信西方文化所說的「女仕優先」，有時候女仕排在後面反而比較好。在一般的家庭，媽媽往往是家庭管理者的首選，但是，有的太太根本無法扮演好太太好媽媽的角色，結果就需要由先生來擔任家庭管理者。所以，千萬別把「禮讓」一事看得太嚴重，它只是一種自然而然的生活常識而已，我們只需要在採取行動前，認真思考「應該怎麼做才是最恰當的」就足足有餘了。

即使明知「禮讓是一種生活常識」，有時候還是有非常不願意禮讓的情況，我認為這也是很自然的。例如：先生一直沉迷於打高爾夫球，惹得太太快發狂，不管她說什麼，先生

依然執意打高爾夫球，甚至對太太說：「妳說什麼我都會聽，唯獨高爾夫球這件事是我唯一的樂趣，我絕對不會退讓！」假如已到這種程度的話，我就會勸太太別再阻擋先生了。其實有些太太也有堅持不退讓的事情，甚至連孩子有時候也會對某事執著到絲毫不肯讓步。遇到這種互不相讓的情況時，「放手不管」其實也是一種樂趣。只要懂得適時放手，就不會生氣，也不會吵架，更不會互相競爭。總之，我們不應該期待別人一定要十全十美，這樣會侵害人權。每個人本來就不是完美的，而且也有不完美的權利。明明自己也不完美，卻還要抱怨別人的缺點，這種人簡直是狂妄無知。

總之，一切都應該視情況而定，不論是禮讓或放手不管，都必須以理性來決定。遇到對方毫不讓步時，有時候我們也必須堅持己見絕不答應。例如先生愛打高爾夫球的程度已經嚴重影響家庭生計的話，由於養家的責任在先生，當然不容他任性去享樂。其他如小孩子抽煙、玩賭博遊戲等等也是不應該被容許的，絕對不能說：「他本人很熱衷，我也拿他沒辦法，就隨他去吧！」這種「毫不讓步」的行為已經嚴重困擾別人，所以當然不可以放手不管。

Chapter 07

「笑」可以消除忿怒

笑臉可以令人幸福
將會對你有所助益

「笑」與「生氣」無法同時成立

佛教認為「人是根據智慧找出正確的生活方式」。那麼，若要在日常溝通當中發揮智慧的話，究竟該怎麼做呢？這裡我要告訴你一個訣竅，那就是「笑容與幽默」。

在《佛陀教你不生氣》的內容中曾經提到，想要抑制怒氣必須擁有智慧，最符合智慧一詞的就是「笑」。

現在請你想一想生氣的情況，一生氣當然就不會笑，笑與生氣絕對不會同時出現，因此，只要在日常生活中，多多用心讓自己快樂、充滿笑容，自然就可以預防生氣。

最近，醫學上也承認「笑」的重要性，生活中充滿笑容的話，可以幫助免疫系統更有活性，連帶可以預防生病。

「笑」也需要智慧

忿怒時，我們通常處於「無知狀態」。狂怒時，絕對不會笑，也不會耍幽默。反之，發自內心微笑時，表示智慧正在發揮功能。

所謂「會心一笑」，指的是碰到和平常事物比較之下顯得有點不協調或詼諧之處，往往會令人「會心一笑」。所謂「好好笑」，則是指真正認識到其中奧妙所發出的笑意，因此，絕對不是處於「無知狀態」。

在《佛陀教你不生氣》一書中曾經提到搞笑藝人的例子。只要深入冷靜觀察搞笑藝人的說笑內容，就可以了解到這些藝人非常精通人生百態。他們明知一般正常人的生活態度，卻利用詼諧搞笑的反諷手法來敘述故事情節，正因為世事都涵蓋有人人皆知的道理，藉由反諷式的表演更能表達出「笑點」。換言之，在笑出來的那一瞬間，我們的腦袋就更加清楚明白，也更可以看清事實。由此可知，「笑」這個動作，其實包含有「理解」。

但是，有些人即使看到很好笑的表演也不會笑。如果他不了解笑話的故事情節，自然就不知道哪些是正常的以及哪些是好笑的，抓不到笑話的重點，當然就不會笑。也就是說，如果缺乏智慧的話，就笑不出來。這也告訴我們，想要享受幽默，也需要有智慧。

但是，我也不是力勸大家要積極說笑話或找笑點，所謂「笑話」，主要目的是要讓別人「笑出來」，但是，如果深陷其中，反而可能造成「笑話中毒」。

佛教並非教大家去做這種自我麻醉式的笑話，而是告訴大家，不論日常生活發生任何事情，都要懂得抱持微笑的心情來度過。

笑的注意事項

而且還要注意到，「因為幸福而笑」和「笑讓自己幸福」兩者之間的不同。「因為幸福而笑」這件事乍看之下似乎沒什麼大問題，但是，每個人對幸福的定義各不相同，有的人認為有錢、有人認為有權、有人認為打敗宿敵、有人認為擁有比別人更美更健康的身體、有人認為擁有足以傲人的房子……總之，每個人所認定的幸福條件，摻雜了自己心中的虛榮、自我、傲慢、鄙視等等的情感，因此，這時候的笑容，絕無法成為忿怒的解藥。西方電影的壞人殘酷殺人之後，最典型的表情就是面露邪惡笑容，這種笑容是因為他自認自己很偉大、是一位成功者。因此，如果「因為幸福而笑」的話，就必須注意不要讓這種笑繼續往上攀升。

總之，以世俗的生活方式，想要得到十全十美的幸福是絕對不可能的，尤其在物質上的幸福得到滿足的話，就會停止追求更高度的幸福，甚至可能怠惰下來。

馬上笑出來，怒氣就會全消

或許你會問：「哪一種笑才是正確的呢？」

答案是「馬上笑出來」。或許你會認為「馬上笑出來」有點困難，甚至認為勉強讓自己笑出來實在很奇怪。不過，這就是要你顯現智慧的時機了。

世上沒有十全十美的，每個東西必有其不太完美之處，所以，我們要試著找出那個缺陷，開口一笑，一切就沒事了。總之，只要仔細觀察周遭，一定可以找到令人發笑之處或是告訴自己「管他三七二十一，只要開口笑就對了」，即使快要生氣動怒了，只要馬上笑出來，一切就結束了。笑與生氣是完全相反的情緒，因此，只要展開笑容，大部分的怒氣就會立刻消失於無形。

日常生活中不論成功或失敗，如果希望能夠以微笑面對一切狀況的話，就必須培養智慧，而且要經常仔細觀察周圍的各種情況。

微笑的練習

我認為微笑也是一種修行，而且最好經過練習。每個人都會笑，因此你可能認為根本不需要練習微笑，因為多數人都認為笑應該是自然發自內心，並非故意。但是，佛教卻教人要練習正確的微笑。

我們經常會因為別人做了什麼事或某種動作而笑，有時候也會因為看見動物而笑，換句話說，我們平常的微笑多數是起因於別人或別的事物；我們通常喜歡可以讓我們歡笑的人事物，依賴上或執著於可以讓我們歡笑的人，不可諱言的，可以為人帶來歡笑的人也會在社會上成為受歡迎的人。

必須依賴他人才會發出的笑並不是佛教所指的笑，此種笑將會令人失去自由，依賴其他人事物而發出的微笑，並無法提升自己的精神領域。為了別人的作為而發出的笑意，也很可能因為別人的作為而發怒，因此，一般世俗的笑意根本無法成為忿怒的解藥。

「相聲」是一種令人發笑的表演項目。表演者要絞盡腦汁想一些好笑的題材，主要目的就是要讓觀眾捧腹大笑。但是，佛陀卻要求出家眾不得有這類的笑意。

那麼，若要練習微笑，究竟該怎麼做呢？其中可以分為兩種方式。

第一個方式，就是針對自己的事情而笑。

仔細觀察我們整天的生活狀況，就會發現當中有做錯的事、做了不該做的事、該做的卻沒有做……等等，這些都是令自己動怒的營養品。一發現這些事情，我們通常會出現「厭煩」的忿怒情緒。不過，這也正是最佳的練習時機。下次一發現這種情形時，請你務必試著笑一笑，並且把自己出糗的事情當做一樁笑話說給別人聽，讓自己成為笑柄。如果對方沒有笑出來，不妨再進一步說「我是說冷笑話的高手」，就算自己哈哈大笑也無妨。這個訓練的重點不在於逗笑別人，而是自己笑出來。

第二個方式，就是針對周圍發生的事情而笑。

對於身邊發生的事情，我們經常會出現「厭惡」情緒，因而令自己生氣動怒。下次再遇到類似的事情時，不妨嘗試以微笑去面對。當孩子在地毯上打翻醬油，一定讓你很生氣；狗狗抓破了皮沙發，一定讓你很生氣。在我們的生活周遭，這種令人生氣的事情多不勝數。因為我們有許多以自我為主的期望，所以就容易生氣動怒。我們自己設限許多「不可做的事情」，然而這些「不可做的事情」卻又因為各種機緣而發生了，我們根本對這種事莫可奈何。

如果要對這類事情生氣，也只會招來損害，倒不如微笑面對，反而有所「得」。

例如：孩子弄髒地毯時，不妨告訴自己：「孩子手腳笨拙又粗心大意，玩興一來難免會做出讓大人傷透腦筋的事情！」然後再莞薾一笑，一切就結束了。也可以笑著告訴自己：「和孩子一起生活，簡直就跟狗、貓、豬、馬一起生活沒有兩樣！」此外，發現愛犬抓壞皮沙發，不妨自我解嘲的說：「野狗就是像這樣用腳挖洞來睡覺，這樣子應該會讓牠們覺得比較溫暖好睡吧！所以我的狗狗可能覺得挖一挖沙發比直接睡在沙發上還要溫暖舒服。雖然狗狗從很早以前就和人類生活在一起，但是牠們依然保有野外的生活習慣，這樣也不賴。」總之，面對各種生活瑣事，不妨採用這樣的方式尋找各種觀點，練習讓自己發出來自內心的笑容。

這兩種笑容才是正確的笑容，才能夠成為忿怒的解藥。久而久之，你就不會再用狹隘的眼光看任何事情，而是會看到一件事情的多面性，這就是佛教所說的「智慧」。由此可知，「笑」也是一種修行。

情緒是會傳染的

前面已經介紹過笑的重要性，不過，不論笑或忿怒，都是因為人們把自己的情緒和別人的情緒綜合在一起而產生的。換言之，人性其實很脆弱，很容易受到周圍的影響。

在某個職場上，有一個人很暴躁易怒，雖然工作能力高人一等，但是只要同事的工作進度稍顯緩慢就無法忍受，如果只是口頭上勸戒同事還不致於太傷人，卻見他經常對同事大聲咆哮，一動怒就暴跳如雷無法停止，轉瞬間就令整個辦公室的氣氛變得極端陰鬱。

此外，他不僅對同事亂發表言論，也喜歡背地裡對上司道長論短，長時間在公司裡搬弄是非，造成同事之間充滿矛盾，不斷有人提出辭呈離開公司。

這家公司屬於中小企業，人員相繼離去而造成人材不足，令公司負責人極為困擾。最後只好大刀闊斧將此人逼退。結果全公司軍心振奮，業績也立刻蒸蒸日上。事後這位公司負責人語重心長的說出心裡話：「他是一個很優秀的人材，但是，他一個人的怒氣會讓整個公司一敗塗地」。

不僅是怒氣會影響別人，開朗的心情也會影響別人。

接下來我要介紹一個媽媽的小故事。這個媽媽教導子女非常用心，但是令她困擾的是，她的女兒不太愛念書，每次考試成績總是落於人後，因此，這位媽媽經常為了考試成績責罵女兒。

有一天，女兒的考試成績依然一塌糊塗，只有數學一科考得還差強人意。媽媽一看，不經心的說了一句：「唉喲喲！數學考得不錯！」

聽到這句話，她的女兒突然面露笑容，據說這位媽媽看到女兒的笑容也嚇了一跳。但是，更令人吃驚的是，據這位媽媽的形容，自此以後，她女兒把全部心力都放在數學一科。

這件事讓這位媽媽開始自我反省。

「過去我總是看到女兒的缺點，只要她考不好，我只會罵她。但是，那一次我沒有罵她『妳的國語、自然和社會都考得這麼爛』，而只是對她說『數學考得不錯』，在那一瞬間，女兒很高興，我也覺得很幸福。」

這個故事告訴我們一件事，就是我們應該學著把開朗愉悅的心情傳送出去，而且更要知道，當我們接受到晦暗的怒氣時，也會有散播出去的危險性，因此，我們必須注意不讓自己捲入別人的怒氣中。

控制怒氣，散發歡喜心

「情緒會傳染」是我們每個人的弱點。獨自一個人的話可能還不打緊，一旦身邊有人，就有可能受到周圍情緒的傳染，而且也可能把自己的情緒傳染給身邊的人。我要說的並不是哪一種情況比較不好，重點在於很多人都過於忽視這種情緒的傳染。

我覺得我們應該把情緒分為兩大類。首先我舉一個例子來說明。每個家庭都會用到電，現代人的生活和電完全脫不了關係，雖然電和我們息息相關，我們也不會笨到用手去觸摸電，因為這麼做很可能觸電而死。為了避免大家觸電，家裡的電線都包覆一層絕緣材料。有些水電師父沒有直接關掉電源就直接修理電器，其實是因為他們通常都會穿著具有絕緣材料的工作服，而且他們所用的都是採用絕緣材料的工具。

當你發現周遭充斥忿怒憎恨的情緒時，請你務必下定決心，告訴自己「絕對不要被周圍的怒氣所感染」，如此以來即可避免自己也感染到怒氣；而且一旦自己內心出現怒氣，也會傳染給身邊的人。不僅自己生氣，身邊的人也跟著生氣，這種晦暗的能量就會不斷擴展。所以，發現到怒氣在內心悄悄升起時，就要馬上在心裡加以擊潰，絕對不能散發出去。也就是說，一有怒氣，就要立刻露出笑容；一生氣，就要用溫柔的語氣說話，這樣才能避免讓內心的情緒向外顯露出去。只要成功試過一、兩次之後，就會更讓你充滿自信，讓自己成為一個可以早期發現怒氣、也可以控制自我情緒的人。

第二個要談的是歡喜心，以下就來舉例說明。每個人都擁有手機、電視等電器產品，不論手機或電視都需要接收電波才會通，這些電器產品一旦收不到電波就毫無用處。情緒也是一樣，能夠把歡喜心散發出去的話是最理想的。當身邊的人很開朗、很溫暖，我們自己應該也會開朗、溫暖，而且也很希望能夠充分接收到這類情緒。因此，不要再彆扭你的情緒，要充分去接收他人的歡喜心才能掌控自己的怒氣。不僅如此，還必須把自己的歡喜心散發出去；因為自己要真正快樂，才會真正顯露於外。總之，只要你能夠真心承認別人的優點、誠摯去稱讚別人，並且能夠發自內心的說出讚美的詞彙，接收與散發歡喜心的機能將會順利運作。

成為有智慧的理解者

在《佛陀教你不生氣》一書中曾經談到，「理解」是一個不可忽視的重要訣竅。這裡所說的「理解」並非知識上的理解，而是指「充分去了解包含背景在內的整個狀況」。想要徹底做到，首先需要的是「沉著穩定」。

以下這個故事，請你務必好好深思。

有一天，你加班很晚回到家，看到太太一臉不高興，為你的天天加班表達嚴重不滿。

這時候，你可能會反駁她說：「加班又不是我願意的，是公司需要我加班，又不是我自己要加班，我為了全家人做得要死不活，還要聽妳發牢騷，太沒道理了！」

其實太太這時候的情緒非常忿怒，如果回給她的也是忿怒情緒，整個話題就很難順利繼續，只會讓太太更加情緒化，甚至是火上添油，稍一不慎就可能大打出手。

全身已經疲累不堪，再聽到太太忿怒的言語，一定令你心情不悅，如果這時候你也發怒動氣的話，整個狀況可能難以收拾。

遇到這種狀況時，首要之務就是要沉著穩定、靜下心來去「理解」對方的心情，如此一來，你就會想到「太太可能發生了不愉快的事情，才會對我發脾氣」。

因此，首先你要讓呼吸平靜下來，很冷靜去感受整個狀況。接著在心裡想著「太太今天好像心情不好」，想到這裡，你的情緒大概就會穩定下來。然後又告訴自己「太太會討厭我晚歸，一定有她的理由」，只要你能做到這個階段，通常你已經可以很沉著的跟太太說話了。

然後以平穩的口氣對太太說：「我這麼晚回來，很對不起！」只要你不被情緒牽著鼻子走，自然就不會生氣，這種氣氛也會感染給太太。這個時候，你就可以仔細傾聽太太生氣的理由了。

最後，你應該也可以笑笑的對太太說：「我會好好努力，希望以後能夠早一點回家。」

不帶情緒的意見交換

世上是由許多無知的人所組成，而且這些無知的人都只聽自己的意見。

請你仔細想一想，你應該有你想說的話，別人也會有他想說的話；想說話的時候，裡面一定摻雜有自己的「感性」在裡面。

所謂「感性」，是理性的相反詞，是一種無法客觀判斷事物的一種情緒；而且情緒會讓我們隨時隨地跟對方表達自己的意見，如果只是表達意見還不至於生氣，一旦語氣裡面摻雜情緒，就會讓忿怒之火更加熊熊燃燒。

其實經由簡單的修行，就可以輕易解決這個問題，這個訣竅就是「對方優先」的理論。也就是先讓對方說出他的意見，而且你一定充分理解對方所說的內容，千萬不要提出反駁。等到對方完全說完之後，你再說出自己的意見，但是請你務必記住一點：絕對不要反駁。

請你一定要記住一件事：你想表達你的看法，別人一定也很想表達他的看法。因此，請你絕對要避免在情緒衝動的情況下發表意見。

此外，聊到重要的話題時，請注意不要讓情緒滲透到裡面。

Chapter 08

不要接收別人的怒氣

生氣是會傳染的，請記住如何預防生氣

請站在忿怒者的立場

有些人的個性暴躁易怒，有些人生氣時習慣咆哮怒吼、拍打桌椅作勢嚇人，也有人會利用生氣的機會為自己爭取好的條件。

遇到這種人的時候，應該如何應對呢？

一般人都會認為：「對方生氣動怒是對方不對，我當然也要生氣來回報！」

但是，前面我們已經談過忿怒的可怕，而且各位應該也知道，生氣會讓自己失去理性，甚至可能化身為凶暴的野獸。在《佛陀教你不生氣》一書中，也介紹過處理這種狀況的方法。

面對這種狀況時，當務之急就是要比平常更加冷靜下來，客觀的觀察一切。

我們在前一章已經學習過「理解」。不過，當你面對盛怒的對手時，態度是很重要的。首先要很冷靜的觀察，並充分理解對方的狀況。

在「情緒會傳染」的那個章節中曾經舉過一個例子，一個有能力的人卻只會對公司同仁發脾氣。現在請你好好想想他的狀況，為什麼他會生氣呢？

我們也可以有另一種看法。例如：

「他的工作能力很強，在公司獲得的評價卻不如他的預期，所以令他很痛苦，才會藉由批評同事或上司來彰顯他的能力。其實他是因為無法獲得滿足而忿怒，所以也算是被害者。」

這種「把自己和別人都視為被害者」也是一種用來理解事情的方法，也就是不再只是以自己為主，也把別人的立場加進來，形成不同的見解。這時候就需要觀察到別人的內心，既然和對方站在同一陣線，當然就不需要生氣了。

不要接受，就讓它過去

在《佛陀教你不生氣》一書中曾經提到，忿怒會像雪人一樣變大。想發脾氣就發脾氣，一旦難以壓抑忿怒的情緒，就會讓整個事態陷入難以收拾的狀態，相信各位一定也遇過這種情況。這是因為這個怒不可抑、不停咆哮的人，他的內心已產生忿怒之毒，必須把整個能量向外爆發。

遇到這種人一定令人很困擾，也令人厭惡，想要保持冷靜恐怕都難以做到。但是，只要懂得耐心傾聽，其實也不見得是一件壞事。

遇到這種情況時，我們不妨告訴自己：「他正藉著發脾氣來紓解內心的怒火，如果耐心傾聽可以讓他得到解脫，不也是一件好事！」也就是抱持這種心態一直聽完對方所要說的話。

別人發脾氣的時候，自己根本不需要心情低落，也不需要承接對方的怒氣。

在《佛陀教你不生氣》一書中曾經提到：「別人發脾氣時，如果你也隨之起舞而發脾氣的話，就如同有人吃到酸臭食物而吐出來時，你卻撿起來一口塞進自己嘴裡」，只要我們隨時警惕自己「絕對不要承接別人的怒氣」，只要擁有此種心理建設，自然就不會對忿怒者發脾氣。

用智慧戰勝忿怒

有些人在盛怒當中仍然會不停堅持自己的意見，說得頭頭是道，卻因為忿怒的情緒戰勝一切，每句話聽起來都是抱怨。

遇到這種狀況時，最重要的是要設法不讓他做情緒性的發言，也就是要不碰及對方的忿怒之處，只針對問題來解決。不妨對他說：「現在請你不要說你的心情，而是告訴我這個問題的重點」。

一聽到這句話，多數人都會說不出話來，稍微考慮一下並整理一下心情，然後就會很明確的說出問題重心。相對的，我們也可以明確的闡述自己的理論，冷靜提供意見，最後通常可以讓對方採納我們的意見，而且也不傷害彼此的感情。

這就是善用智慧所產生的結果，根本不需要花費時間與情緒來做無謂的討論，就能順利解決問題。而且也不傷及雙方情感，並且化解掉大部分的怒氣，這就是「用智慧戰勝忿怒」的最佳例子。

微笑以對

另外還有一個更簡單的方法。

也就是當對方火冒三丈的時候，你就不當一回事的面帶微笑。如此一來，對方就會停止發脾氣，不久之後就會露出笑容。這是一種不可思議的能量。

第7章曾經提到「笑的重要性」，而且笑與忿怒是無法同時並立的。因此，正當怒氣要擴張、歡喜心即將消失時，「笑」就是一帖「良藥」。

忿怒是一種強烈的能量，更是具有破壞性的能量；面對忿怒者卻不發出瞋恨心的話，將可以成為更強烈的能量。而且這種能量不具有破壞性，是一種可以讓忿怒者感到安心的幸福能量。

因此，當別人發脾氣的時候，如果你能夠不生氣的話，就可以輕易產生幸福的能量。

任何時候都不生氣

談到這裡，相信大家都已經學會面對忿怒者所該擁有的基本態度，也就是「任何時候都不應該發脾氣」，

或許你會問：「可是，如果對方還對我做出更嚴重的事情，難道我也不該生氣？」

假設有人不停傷害你、或是做出各種令人難以忍受的事情時，你又該怎麼做呢？

例如：有人造成你不可收拾的損害、讓你受到不平等待遇、毀謗中傷你、陷害你……，

這時候你該怎麼辦？

遇到這些狀況時，答案依然是「不要生氣」。佛教告訴我們，不論何時何地，就算是無常降臨到我們身上，我們也要不生氣的去面對。

一生氣就輸了

有人對你中傷毀謗、傷害你或是對你施加暴力時，想不生氣是很難的。很多人很想克制自己不要對人使用暴力，卻又忍耐不住而施用暴力，正因為世上有這種人存在，人世間才設立了法律制度。法律是用來制裁人的犯行而訂定刑罰，雖然這種制度有點類似「以暴制暴」，不過，這種權利卻不是由個人來決定，而是由法律制度來裁決。

美國是一個自由的國家，從開荒時期就非常注重「自我管理」。因此，人們被允許持有槍械，但是，一旦個人逾越權利而成為犯罪者或施暴者，社會將給予制裁。也因此，美國擁有非常嚴厲的法律制度。

說到這裡，各位是否注意到其中的矛盾呢？這個矛盾就是「明明應該要以暴制暴，但是又不承認以暴制暴」。佛陀說：「以暴制暴，無法讓暴力消失，反而會助長暴力」，這是客觀的真理，一點也不矛盾。

受到毀謗中傷或被他人施加暴力時，一旦生氣將會讓自己受到損傷，反而讓加害者更加得利。所以，這時候應該採取的態度可以分為好幾種。

首先要秉持的態度是「不論發生什麼事，自己絕不生氣」，畏怯與恐懼都屬於忿怒的一種，所以，畏怯與恐懼都是不好的。即將受到他人暴力對待時，為了保護自己不妨先逃之夭夭，有時候也不妨大聲制止對方。不過，有些人很可能因為過度恐懼而發不出聲音。

法律可以處罰犯罪行為，所以，你也可以冷靜蒐集證據做為呈堂證供。但是，蒐證時如果內心充滿忿怒，恐怕會讓自己的內心也染上犯罪意念。例如有人犯下殺人罪時，受害者家屬通常希望法官判兇手死刑，這種期盼就是忿怒，對亡者並不具有任何弔唁意義。兇手遭到逮捕之後，受害者家屬只要感到安心就夠了，至於兇手將會受到何種處罰，這完全屬於法律管轄的範圍，跟個人毫無關係。如果受害者家屬強烈要求法官判決死刑，湊巧法官也判他死刑的話，其實所代表的意義是「你自己也贊成奪走一條人命」。其實法官沒有犯罪，檢察官也沒有犯罪，他們都是很客觀的執行法律所規定的事項而已，沒有帶著任何個人情緒，唯獨受害者家屬卻有「犯罪的嫌疑」。也就是說，當一個人狂怒時，就會發生類似這種不合情理的結果。

「放下」也是一個好辦法。有人對你毀謗中傷時，不理會、不反駁、不解釋，有人詢問的話，就說出事實。這種方法也可以讓自己內心不受污染。

還有一個方法就是「正確的面對」。依靠法律也屬於正確的面對，但是，並不是每件事都可以依靠法律。例如：有人不理性的反對你的想法、毫無根據的批評你、批評你的生活方式、批評你的家人……等等，只要不犯法，就無法用司法手段來解決。遇到這種情況就只能明確加以反駁。不過，一旦發脾氣，反而會讓自己口不擇言說出不該說的話。因此，應該以講理的、具體的或是風趣的口吻來加以反駁。

以上提出各種面對問題該有的態度，相信你應該都了解了吧！請你務必記住的是，不管發生什麼事，一旦發脾氣，就代表你輸了。

Chapter 09

如何完全克服忿怒

不生氣
才能讓自己擁有平靜

生氣是源起於人世間的真理

人為什麼會生氣？有關「忿怒」的結構，在《佛陀教你不生氣》一書中有詳細的介紹。任何生命都沒有例外，那就是一定會生氣。生命基本上是藉著生氣的衝勁而活的。

究竟是什麼原因引發怒氣的呢？

答案是「萬事萬物分分秒秒都在流動變化」。

我、人、環境、世界、宇宙……等，一切的一切都是瞬息萬變。

首先是我們本身的瞬息萬變。雖然每個人都希望自己能夠「青春永駐」，但現實根本不可能。每個人都是分分秒秒在變老，最後死亡。

人們或許會在某一個條件或時間點感到高興快樂，但是這個條件在下一秒鐘就會發生變化。例如，好不容易完成某件工作的時候、跟三五好友相聚的時候、上館子大快朵頤的時候……等等，當下我們的情緒都很好，但是這種好的情緒分分秒秒都在變動，這一秒鐘跟下一秒鐘的情況都不一樣。以上餐廳吃飯為例，當我們肚子很餓時，一口接著一口的美食入口，當下或許會感覺無比快樂、滿足。但是，隨著一口一口的食物下肚後，我們原本的快樂跟滿足感，很快便會因為吃太多、肚子太撐而逐漸從快樂、滿足轉變成痛苦。類似這種情形多不勝數。

其次，我們都希望能夠「每天快樂生活」，但現實根本不可能。你可能在公司會被主管罵，可能在路上發生車禍。我們的周遭環境隨時隨地都在發生變化，不可能事事都順心如意。我們所必須面對的，是自己完全沒有能力去做改變的生活環境，所以我們絕無法過著稱心如意的生活。更何況，我們都處在一種隨時可能死亡的危險中。

人世間就像這樣時時不斷在發生變化，一旦周遭環境無法符合我們的心意時，我們的內心深處便會浮現出一股想要抵抗周遭環境的情緒，此一抵抗反應就叫做「生氣」。

這種「萬事萬物瞬息萬變、生生滅滅」的事實，佛教稱它為「無常」。這是佛陀為世人所開示的真理。萬事萬物沒有固定不變的，而這個「無常」正是我們生氣的源頭。

每天經常檢視「無常」

請用智慧、用真理來消滅生氣這個惡魔。消滅「生氣」一點都不難。首先要介紹的是傳統佛教的做法。就是在你的腦海裡，不斷的唸誦著「人世間的一切現象都是無常、都是夢幻，時時刻刻都在變動」。於是，當腦海裡浮現出「好煩」的念頭時，你立刻會升起相對應念頭——「人生無常，任何事情都可能發生！」

接著認真唸誦「人生根本都是受苦」。佛教所謂的苦，並非單純的指人世間所說的苦。人生有時苦有時樂，而這些或苦或樂都會隨時隨地在不知不覺中流失不見。所謂的人生，其實正一步一步邁向死亡。不管你再怎麼努力拼命，人生最終難逃一死，所以佛教認為人生是虛而不實的。若能理解這個道理，你自然會懂得「人生是苦的」。這是傳統佛教的實踐方法，能夠讓你時時保持輕安自在的心態。

若以勉強的態度，早晚只唸誦個兩、三分鐘是不會奏效的。必須以務實的心態，徹底認真的態度去唸誦才能見效。請先以好玩的心態，在你的腦海裡試著唸誦這個念頭2—3次看看，然後逐漸增加次數。逐漸增加次數並不是要你一下子從2—3次增加到100次，或從100次一下子增加到8萬次，而是要你從早上起床到晚上睡覺期間，分幾次來唸誦。早晨眼睛一睜開唸誦個2－3次，吃早餐前2－3次，吃完早餐唸誦個2－3次，出門前再唸誦個2－3次，像這樣慢慢增加次數。並不是要你拼命唸誦這個念頭，也不在於唸誦這個念頭100次或1000次的問題，而是要你終生貫徹這個念頭。這不是宗教性的「行」※，而是在體認真理。

請各位讀者用各自喜歡的詞彙，來證實人世間一切都是無常的、都是夢幻的，不管好的壞的時時刻刻一直都在流動變化著。不管是在做飯、用餐、搭車或工作，請利用2－3秒鐘的時間來做這項證實的工作，相信你將會得到意想不到的結果，心靈將會完全解脫放下，不再受到任何事物的牽絆，人生也將逐漸步入坦途。不僅如此，腦筋也會變得更清楚，碰到問題時，馬上就能想出解決的對策，變成一個永不生氣的人。

※指「實踐」。

智慧與慈悲心可以有效克服生氣

佛陀開出了兩帖能有效克服生氣的處方。

一帖是「開啟智慧」，藉以認識、了解生氣的本質。在無常的前提下，人們對世間一切事物就不會再緊抓不放。藉著此一智慧的開啟，人們便不會再生氣。其實本書從開始到這裡，一直都是在探討有關「開啟智慧」一事。

另一帖處方是「以慈悲心看待所有生命」。

對自己的親朋好友、身邊的人或是電視上所看到受災受難的人們，不論是你友好或敵對的人，發出慈悲心其實並不難，甚至每個人的慈悲心本來就是自然擁有的。

但是，前提是你必須能夠「以慈悲心看待所有生命」才行。

我們之所以能生存下去，是因為有「自己以外的其他生命存在的緣故」，我們自己一人是無法單獨存活的。

也就是說，生命之所以能夠存活，都是以其他生命做為食物。即使是不吃肉的生物，通常也是以植物為食物。因此，只要活在世上，我們就該對其他所有生命抱持感謝與慈悲心。

再者，任何生命都跟我一樣活得很苦，可以說就像病人、受傷者那樣辛苦，所以我們必須給予憐恤。即使對方跟你視同敵人一般，也都是共同生活在這個地球上，彼此休戚與共、密不可分。

然而，由於人們的「自我」（我執）觀念太強，凡事只考慮到自己，很難用一顆慈悲心去看待別人。故慈悲心是需要培育修習的。培育慈悲心的好方法就是經常唸誦讓生命可以得到幸福的「慈悲心的觀想」。

「願　我永遠幸福快樂！」

「願　我的親朋好友皆幸福快樂！」

「願　一切眾生皆幸福快樂！」

不斷在腦海唸誦這些話，一段時間後自我的觀念就會慢慢改變。

久而久之，存在於「我」、「我的親朋好友」、「一切眾生」之間的壁壘就會消失，我執也會不見。對一切事物自然湧現出慈悲心，內心必然充滿著幸福快樂而不再生氣。

用慈悲心化解「生氣」

對所有的生命都要抱持「感恩的心」，把一切生命視同需要「憐恤」的病人。如果能夠理性的了解這個道理，自然就會發起慈悲心。萬一仍無法發起慈悲心的話，不妨在腦海裡反覆不斷做慈悲心的觀想，藉以把腦海裡的組織架構加以調整，在調整的過程當中，生氣同樣會消失無蹤。

人心只要一放縱，便會朝向邪惡的方向發展，不過，只要不間斷的培植慈悲心，人心自然而然會逐步去惡從善。所以說，擁有慈悲心的人，必將能夠逐步克服與消除生氣。

充分了解生命的結構之後，只要一察覺到內心有一點點怒氣，因「厭惡」而浮現的怒氣將會瞬間化解。例如搭乘擁擠不堪的電車時，如果能夠體會「現在是上班時間，人多擁擠是必然的」，內心自然就不會產生好壞的感覺。如此也就不會因為上班搭車太擁擠而產生憤怒或煩躁的情緒。

能夠達到這種修養境界的人，必可理解人本來就是容易動怒的，內心生起「厭惡」的情緒是無可厚非的。我們平時雖然經常聽到「回到一個人最初始的樣子」，然而，從佛教的觀點認為那是錯誤的。就像我們從一開始到現在所敘述的一般，一個人最初始的樣子其實是「生氣的」，因此，我們反而需要努力在內心裡培植「慈悲心」。

總而言之，首先要認識與理解自我，了解到執著於「我」或「我的」都是一種錯誤。請趕快做「慈悲心的觀想」，培育與開啟智慧。此外，也應認識並提升道德心，好好過一個實實在在的人生。慈悲、智慧與道德彼此會相輔相成而提升你的修養，了解這些道理後，相信你一定可以永遠脫離生氣，過得幸福快樂。

培育慈悲心，開創不生氣的人生

消除生氣其實是一種人格的改造，而不是回復到人的本來樣子。所謂「本來的樣子」事實上並不存在，它只是一種妄念，是人們最根本的生氣的源頭。如果將這個源頭從根拔除，此人必定會變成一個跟之前完全不同的新人。我相信能抑制生氣的話，自己將不再是一個普通人，而將成為一個超脫常人的人格者。一旦了解到這一點，你將會發現你的人生更有意義。

以精神病為例，醫生都希望能治好患者的症狀，使他們恢復到正常人，但佛教則不同，因為人世間並沒有一個所謂的標準，人世間處處充滿著忿怒與怨恨，彼此不斷相互殘殺，是一個只顧自己過得好，不管別人死活的世界。像這樣的世界並不需要制定任何標準，也沒有所謂應該達到的什麼目標。只要願意做就應該可以成為一個超脫常人的人格者。

前面已經介紹過「唸誦無常」的做法，接著要提出的方法是實踐慈悲心，這個方法也是極其簡單，只要內心時時刻刻唸誦「慈悲心」。唸誦的方法跟前面所說明過的一樣，就是在你的一生當中務實的勵行慈悲心，例如跟人打招呼時，不妨改用「願您幸福快樂！」這也是一個好方法。「慈悲心」跟其他宗教所強調的「愛」是不同的，所謂「慈悲心」是佛陀在完全領會生命真理之後，所發現的一個正確的生活方式。愛究竟是什麼？其他的宗教都沒有明確說明。其他宗教的愛都只屬於教義而不是心理學上的分析產物，把這個「愛」視為年輕男女之間的那種愛欲是不對的。

人們的初始內心裡並沒有慈悲心，原本所存在的是「自我」這個錯覺。我們必須把這項錯覺完全去除，代之以正確生活方式的「慈悲心」。

【附錄】慈悲心的觀想

～愛自己、愛大家，真心祈願～

此篇附錄介紹的是佛教所教導的「慈悲心的觀想」。

不管任何時候、任何場所、任何人都能簡單的履行「慈悲心的觀想」，而且從開始履行之日起便會感受到效果。

每天唸誦「慈悲心的觀想」全文15－30分鐘左右。如果非常希望讓自己的心靈盡快成長的話，每天請務必同時唸誦「願一切眾生皆幸福快樂！」30分鐘－1個小時。

觀想時，最重要的不是嘴巴上反覆唸誦而已，必須用心且不間斷的唸誦下去。

在心中默唸或是開口出聲唸都可以，也可以打拍子用唱的或跟家人一起唱誦，不必拘泥於一定時間或場所。早上睜開眼睛的那一刻、晚上上床睡覺時，或是坐在公車上、坐在電車上的任何時間，都請務必靜下心來一個字一個字的唸誦。

慈悲心的觀想

～愛自己、愛大家，真心祈願～

願 我能幸福快樂！
願 我的煩惱苦悶消失不見！
願 我的每一個願望都能達成！
願 我能顯現開悟的光芒！
願 我能幸福快樂！（重複 3 次）

願 親朋好友皆幸福快樂！
願 親朋好友的煩惱苦悶消失不見！
願 親朋好友的每一個願望都能達成！
願 親朋好友能顯現開悟的光芒！
願 親朋好友皆幸福快樂！（重複 3 次）

願 一切眾生皆幸福快樂！
願 一切眾生的煩惱苦悶消失不見！
願 一切眾生的每一個願望都能達成！
願 一切眾生皆能顯現開悟的光芒！
願 一切眾生皆幸福快樂！（重複 3 次）

願 我討厭的人也幸福快樂！
願 我討厭的人的煩惱苦悶消失不見！
願 我討厭的人的每一個願望都能達成！
願 我討厭的人也能顯現開悟的光芒！

願 討厭我的人也幸福快樂！
願 討厭我的人的煩惱苦悶消失不見！
願 討厭我的人的每一個願望都能達成！
願 討厭我的人也能顯現開悟的光芒！

願 一切眾生皆幸福快樂！（重複 3 次）

慈悲心的觀想

～愛自己、愛大家，真心祈願～

①使用毛筆、原子筆、鉛筆皆可。

②本抄經文表格，可影印／放大。

③書寫時，可隨著一個字一個字的唸誦。靜心抄寫並唸誦多遍之後，您將會感受心情的變化：不管看到任何生命，都能懷有慈悲之心。

慈悲心的觀想

願我能幸福快樂！

願我的煩惱苦悶消失不見！

願我的每一個願望都能達成！

願我能顯現開悟的光芒！

願我能幸福快樂！

願親朋好友皆幸福快樂！

願親朋好友的煩惱苦悶消失不見！

願親朋好友的每一個願望都能達成！

願親朋好友能顯現開悟的光芒！

願親朋好友皆幸福快樂！

願一切眾生皆幸福快樂！

願一切眾生的煩惱苦悶消失不見！

願一切眾生的每一個願望都能達成！

願一切眾生皆能顯現開悟的光芒！

願一切眾生皆幸福快樂！

願我討厭的人也幸福快樂！

願我討厭的人的煩惱苦悶消失不見！

願我討厭的人的每一個願望都能達成！

願我討厭的人也能顯現開悟的光芒！

願討厭我的人也幸福快樂！

願討厭我的人的煩惱苦悶消失不見！

願討厭我的人的每一個願望都能達成！

願討厭我的人也能顯現開悟的光芒！

願一切眾生皆幸福快樂！

願一切眾生皆幸福快樂！

願一切眾生皆幸福快樂！

慈悲心的觀想

願我能幸福快樂！

願我的煩惱苦悶消失不見！

願我的每一個願望都能達成！

願我能顯現開悟的光芒！

願我能幸福快樂！

願親朋好友皆幸福快樂！

願親朋好友的煩惱苦悶消失不見！

願親朋好友的每一個願望都能達成！

願親朋好友能顯現開悟的光芒！

願親朋好友皆幸福快樂！

願一切眾生皆幸福快樂！

願一切眾生的煩惱苦悶消失不見！

願一切眾生的每一個願望都能達成！

願一切眾生皆能顯現開悟的光芒！

願一切眾生皆幸福快樂！

願我討厭的人也幸福快樂！

願我討厭的人的煩惱苦悶消失不見！

願我討厭的人的每一個願望都能達成！

願我討厭的人也能顯現開悟的光芒！

願討厭我的人也幸福快樂！

願討厭我的人的煩惱苦悶消失不見！

願討厭我的人的每一個願望都能達成！

願討厭我的人也能顯現開悟的光芒！

願一切眾生皆幸福快樂！

願一切眾生皆幸福快樂！

願一切眾生皆幸福快樂！

作者

蘇曼那沙拉　Alubomulle Sumanasara

斯里蘭卡上座部佛教長老。1945年出生於斯里蘭卡，13歲剃度出家。曾於斯里蘭卡國立卡拉尼亞（Kelaniya）大學教授佛教哲學，1980年被派往日本，於駒澤大學取得博士學位，目前在日本上座部佛教協會等處弘揚原始佛教與指導觀想。主要著作包括：《佛陀的實踐心理學》（與藤本晃氏合著，SAMGHA出版社）、《佛陀教你不生氣》、《佛陀教你不生氣2》、《愚蠢的理由》、《不要貪心》、《改變自己的冥想法》（日本SAMGHA出版社）、《佛陀教你輕安自在》（成美堂出版）、《佛陀教你平息不安》（朝日新聞出版）、《不要執著》（中經出版）等多本著作。

插圖

しりあがり寿

漫畫家，1958年出生於日本靜岡縣，1981年畢業於多摩美術大學平面設計系，畢業後任職於麒麟啤酒株式會社，負責包裝設計、廣告宣傳等職務。1985年首次以漫畫家身份發表單行本漫畫《エレキな春》，成為以搞笑為主題的漫畫家，相當受矚目。1994年相繼發表各類幻想類或文學類的作品，近年來更把觸角擴展到散文、電影、遊戲、藝術等不同的創作領域。主要著作有《地球防衛家們》、《那一天開始的漫畫》等等。

TITLE

佛陀陪你練習不生氣

STAFF

出版　瑞昇文化事業股份有限公司
作者　蘇曼那沙拉
插圖　しりあがり寿
譯者　郭玉梅

總編輯　郭湘齡
責任編輯　黃美玉
文字編輯　黃雅琳　黃思婷
美術編輯　謝彥如
排版　謝彥如
製版　明宏彩色照相製版股份有限公司
印刷　桂林彩色印刷股份有限公司
　　　紘億彩色印刷有限公司
法律顧問　經兆國際法律事務所　黃沛聲律師

戶名　瑞昇文化事業股份有限公司
劃撥帳號　19598343
地址　新北市中和區景平路464巷2弄1-4號
電話　(02)2945-3191
傳真　(02)2945-3190
網址　www.rising-books.com.tw
Mail　resing@ms34.hinet.net

本版日期　2015年4月
定價　250元

國家圖書館出版品預行編目資料

佛陀陪你練習不生氣 / 蘇曼那沙拉(Alubomulle Sumanasara)作；郭玉梅譯. -- 初版. -- 新北市：瑞昇文化, 2015.02
208面； 21 x 14.8公分

ISBN 978-986-401-004-2(平裝)
1.佛教修持 2.生活指導

225.87　　103027865